為什麼我總是不能勇敢做自己

偉恩‧戴爾 著
Wayne W. Dyer

Pulling Your Own Strings:
Dynamic Techniques for Dealing with Other People and Living Your Life As You Choose

本書獻給
蘇珊・伊莉莎白・戴爾（Susan Elizabeth Dyer）
在妳面前，我可以想到哪說到哪

過去的一切經驗也都說明，任何苦難，只要是尚能忍受，人類都寧願容忍，而無意為了本身的權益便廢除他們久已習慣了的政府。

——美國《獨立宣言》，一七七六年七月四日

目次

引言

蘇珊・戴爾

本書的內容大多取自我發展成為一個勇敢做決定、積極行動的成人的過程。我是失聰者的輔導老師，輔導過很多年輕人，缺乏自信給他們帶來的障礙遠超過身體殘疾，我會和他們討論「做自己的主人」有多麼重要，唯有感覺到能夠為自己負責，才能對其他事負責。後來我的學生們逐漸開始努力學習承擔風險，從基本日常行動像是去餐廳吃飯時自己點餐，而不是等待聽人同伴為他們點餐，一路到深刻的心理活動，例如有個初中學生決定念大學預備課程，立志成為家族中第一個大學生。這是一個很大的挑戰，但是現在她有這樣的信心去挑戰這個目標。

很多身體健康的正常人因為信心不足而給自己設下障礙，因而受害。為了得到安全感，我們畫地自限，卻始終未曾察覺到別人很容易利用我們自己設下的障礙進一步控制我們的行動。

我自己的一個例子，就是戰勝過敏的經驗。

從小我就因為過敏而被貼上「嬌貴」的標籤，在家中得到許多關愛，長大成人後我依然維持相同的形象。適時吸吸鼻子也讓我得以避開許多風險情境，例如我覺得體能無法勝任的戶外運動（有草有樹還有花粉），或是社交場合像是人擠人的派對，我對菸草煙霧的過敏反應其實是害羞發作。我的過敏醫生從來沒有想過任何心理支持方案，每個星期固定回診他就很滿意了。

等到我下定決心自立自強，不要再當個嬌貴的人，也不要再因為害怕被拒絕而裹足不前，我的過敏便不再需要注射藥物控制，我開始玩觸身式橄欖球，也開始交到新朋友。

每一天我都會遇到挑戰，日常例子包括：為聽障學生在公立學校爭取最好的安排與待遇、遇到服務不好的銷售員時據理力爭、滿足對我有不同期待的親友（他們的期待和我對自己的期待不一樣），還有不斷挑戰自我，成為我選擇成為的人。

這本書是題獻給我，裡面很多例子是從我而來，所要傳達的訊息是給我——也是給你們所有人看的！請閱讀這本書，得到成長並且樂在其中！

前言——
別讓犧牲者心態害了自己

有個小男孩放學回家問媽媽：「媽，什麼是**老來笨子**？」

媽媽一頭霧水，問他為什麼會問這個問題。

小湯米回答：「我聽到老師跟校長說，我是班上的老來笨子。」

於是湯米媽媽打電話到學校問個清楚，校長聽了之後笑著說：「不是啦，湯米的老師放學以後跟我說，他是班上的**擾亂份子**。」

本書是寫給那些想要完全掌控自己人生的人，包括世人眼中特立獨行、叛逆的人，還有「老來笨子」，也是寫給那些不願意腦袋空空照著別人計畫走的人。

要用你自己選擇的方式過活，必須有點叛逆、必須願意為自己而戰；對於那些一心想要控制你行為的人，你可能必須有點討厭。但如果你願意，你會發現「做自己的主人，不讓其他人幫你思考」能讓你的生活快樂，活得有價值而且非常充實。

你不必掀起革命，只要當個普通人，對全世界所有人宣告：「我要自己做主，誰都別想阻止我。」

有一首英文老歌的歌詞這樣唱：

Life is a beautiful thing, as long as I hold the string
I'd be a silly so and so, if I should ever let go

意思是：「生命多美好，只要我握好手中的線。如果放開手，那我真是個大傻瓜。」

這本書就是要教你：不要放手，握好你掌中的操控線。如果你很討厭被人操控，討厭到願意起而抵抗，你應該閱讀本書；如果你熱愛自由勝過一切，你應該閱讀本書；如果你的靈魂中有不羈的天性，想要無拘無束恣意而行，那麼你更應該閱讀本書。

很多人寧願被別人管，而不願意為自己的人生負責。如果你不介意當個牽線木偶，那麼請就此打住，不必再往下讀了。本書是教人如何改變的教戰手冊，提出的一些概念很有爭議性，顛覆一般人的想法。

這些概念可能會有很多人認為將導致反效果，譴責我不該鼓勵人們挑戰權威，離經叛道。我就直說了吧：我相信人必須時常表達自我主張，甚至不惜一戰，才不至於淪為犧牲者。是的，我確實認為對那些想操控你的人，往往不能跟他們講道理，更不能講什麼謙讓，否則就會身受其害；這個世界上多的是巴不得你按照他們心意行動的人。

倘若你願意承擔追求的風險，將能獲得一種獨特的自由：你可以在人生領域內隨意徜徉，自己做**所有**決定。必須建立的核心概念是每個人都**有權**決定要怎樣過日子，只要在行使這項權利時沒有侵犯其他人的同樣權利，那麼任何插手干預的人或機構都應該被視為加害者。本書的目標讀者就是那些感覺自己的生活受到太多外力管控的人，而他們對這些外力幾乎沒有辦法控制。

每個人的人生都是獨一無二的，所經歷的一切絕對人人不同。沒有人可以幫你過你的人生，感覺到你的感受，或者是進入你的身體，用跟你同樣的方式去體驗這個世界。人生只有一次，非常寶貴，不應該讓其他人利用你、占你便宜。唯一合理的一條路是由你決定你要怎麼活，並且「自己做主」活得快樂圓滿，而不是被人擺布活得痛苦悽慘。這本書的目標就是幫助各位讀者達到這種完全掌控在你自己掌中的人生。

絕大多數的人都在某種程度上受制於人，這種經驗並不愉快，當然不會讓人想要維持下去，更別說是捍衛這種狀態了；然而我們很多人卻在無意中這麼做了。大部分人能清楚辨識被剝削、被操弄、被強迫做出違反意願的行為或違背信念的情境，受害與加害的情況是如此普遍又嚴重，所以國內各大報紛紛推出專欄協助受害的犧牲者，一些公共服務例如「行動專線」、「熱線」試圖跳過繁複的行政程序，提供即時的援助——行政單位的繁文縟節正是讓許多人受害的原因之一。電視節目找來消費者權益保護團體和社群監察家，提出忠言逆耳的呼籲，政府創設了保護機構，很多地方社群也設有單位，對抗偏屬地方性的加害行為。

雖然以上種種做法都很好也值得稱讚，但還是僅觸及到皮毛，大多效果不彰，因為把重心擺在責怪加害者，或者是找人為受害者發聲，卻忽略了重點：人們之所以受害，是因為他們**預期**如此，所以等到事情真的發生時，他們並不訝異。

要加害那些不想被害的人幾乎是不可能的任務，遇到別人想要以任何方式使不想被害的人屈服時，他們會抗議反對。如果你被別人擺布，問題的根源其實在**你**，而不是那些發現有機可趁而學會擺布你的人。本書把焦點放在你身上，你是那個必須反抗的人，而不是找個人幫你做出反抗。我寫這本書的目標只有一個：幫助讀者。我對自己說：「派不上用場的東西就別寫。」所以我收錄了過往的案例，好讓讀者有更具體的概念，知道如何避開數量眾多的犧牲者陷阱（希望各位能成功避開），還建議了一些非常明確的策略和技巧，幫助你甩脫根深蒂固的犧牲者習慣。書中穿插出現的測驗題，可以幫助你評估自己的犧牲者行為，還有「百項檢查表」讓你可以進一步確認自己進步了多少，引導自己前進。

在第一章的概論之後，每一章都環繞一個重要原則或指標，教你如何避免受害，內容包含反受害的指導方針，用實例說明世上的加害者如何阻礙你遵循這些指導方針，然後介紹實際可行的範例和方法，讓你學會自立。

亦即每一章都會帶你走過具體的步驟，幫助你實現「拒當犧牲者」的行為。

我相信閱讀本書將使你受益良多，但如果你認為這本書可以拯救你於水火之中，我只能說還沒開始讀這本書你就已經是自身幻想的犧牲者了。只有你，唯有你，必須做出決定，決心採納書中的建議，轉化為積極有益的行動，自我實現的行動。

我特別商請一位好友，他是很有才華的詩人，寫了一首詩描繪本書呈現的受害情況。蓋爾・史班納・羅林斯（Gayle Spanier Rawlings）創作的這首詩扼要總結了本書要傳達的「拒當犧牲者」訊息。

做自己的主人

我們相連　以看不見的絲線
連上恐懼　我們是木偶　也是操偶師
是我們自身期望的　受害者。
線一拉　手和腳　揮又舞。
隨著恐懼的音樂　我們起舞
蜷縮的身體內　躲藏的孩子假裝
在岩石下　在樹後
某一處，每一處
不受我們的控制。

做自己的主人　操線控制身體　跟隨生命的節拍

剪斷線　伸出手朝向　未知
走入黑暗　張開雙臂　迎向天空的懷抱
變成翅膀　翱翔。

——蓋爾・史班納・羅林斯

蓋爾的詩句傳達了自由之美，願你學會照顧自己的健康與幸福，體會萬里翱翔之樂。

第1章 大聲宣告：拒當犧牲者

適應良好的奴隸？根本沒有這種東西。

你永遠不必再當犧牲者，永遠不必！但是為了拒當犧牲者，你必須好好檢視自己，學會辨識被別人操控的眾多情境。

拒當犧牲者不只是記住一些強勢表達的技巧，在別人試圖操縱或控制你的行為時冒險反抗，你該做的遠遠超過這些。你或許已經注意到，地球上差不多所有人類居民動不動就想要控制彼此，並且發展出了十分成熟的獨特控管制度。但如果你受到的管控違反你的意志，或是違背你所知更好的方案，那麼你就是個犧牲者。

有很多辦法可以避開生活中的犧牲者陷阱，你不必自己也去做出加害別人的行為。首先，你可以重新定義來到這世上短暫走一遭的人生旅程中你想要獲得什麼？我建議你該做的第一步是拒當犧牲者，更仔細檢視自己有哪些犧牲者的行為。

犧牲者的定義？

只要你感覺到無法掌控自己的人生，就代表你成為了犧牲者。關鍵字是「掌控」，如果你沒辦法自己做主，那麼你就是被自己以外的某人或某事操控，可能的受害情境數都數不完。

在這裡所描述的犧牲者或受害者，並不是犯罪活動的受害人，但如果你出於習慣而放棄日常生活中的控制權，包括對情感和行為的控制，結果可能受到更嚴重的傷害，比被搶劫或詐騙更嚴重許多。

所謂犧牲者，最大特徵就是受別人的支配過活。他們發現自己老是在做一些其實並不願意做的事，或是被勸說而做出不必要的個人犧牲，導致內心暗暗滋生不滿。我在本書中所說的犧牲或受害，是指被你自己以外的力量控管制約。儘管這些力量在我們的文化中確實無所不在，但我要強調：「除非你允許，否則很難被害」。是的，人們在日常生活中以無數的方式**自己害自己**。

犧牲者多半動機是出於軟弱，他們任人主宰操弄，因為他們常覺得自己不夠聰明或不夠有力量，沒辦法主掌自己的人生。所以他們把控制權交給「更聰明」或「更強大」的某個人，不肯冒險自立自強。

生活不順遂嗎？很可能因為你是個犧牲者。如果你做事老是適得其反，如果你感覺愁苦、不開心、受傷、焦慮、不敢做自己，或是有其他類似情緒使你停滯不前，如果你沒辦法自我提升或是感覺好像被自己以外的力量操縱，那麼你就是個犧牲者。我要告訴你：自己害自己並不可取，不應該維持這種狀態。如果你同意我說的話，下一個問題你可能會問：脫離犧牲者的狀態以後會怎麼樣？會得到什麼樣的自由？

自由的定義？

不會有人端著盤子送上自由給你，自由必須靠你自己爭取。如果有人捧著自由獻給你，那不是真正的自由，而是施恩望報，一定會要你付出代價。

自由意味著隨心所欲掌管自己的生活，不受阻礙；凡是不符合的情況都屬於奴役。如果你沒辦法無拘無束做出選擇，沒辦法按照**你**想要的方式過活，沒辦法愛對自己的身體做什麼就做什麼（前提是不能妨礙到其他人的自由），那麼就是欠缺我所說的掌控權，換句話說你是個犧牲者。

自由不等於推拒責任，包括對你所愛的人以及對同胞的責任。事實上自由包含「選擇要負責」的自由。但是絕對不包括你必須違背對自己的期許去遵從其他人的願望。負責和自由是可以**二者並存**的。或許有人會跟你說二者無法並存，把你爭取自由的行動稱為「自私」，會這樣說的人，大多對你的人生或多或少握有掌控權，他們其實是在抗議你竟然想要掙脫你之前允許他們得到的掌控。如果他們能夠讓你感覺自己很自私，代表已經成功讓你感到內疚，讓你再次陷入動彈不得。

古羅馬哲人愛比克泰德（Epictetus）的《語錄》（*Discourses*）有句關於自由的警語：「人無法自主，就沒有自由。」

細細品味這句話，如果你無法自主，根據愛比克泰德的說法你就是不自由的。你不必有權有勢、能夠左右他人才算自由，也不必靠威嚇、脅迫他人就範來證明你的自主。

全世界最自由的人，是那些內心平靜自得的人，他們拒絕被其他人一時興起的念頭影響，自顧自默默過著有效率的人生。他們擺脫了角色定義的束縛，不因為身為父母、員工、美國人或甚至成人就必須表現出特定的行為，他們可以自由選擇要在什麼地方呼吸什麼樣的空氣，不擔心其他人對他們的選擇有什麼看法。他們是負責任的人，但不會受困於其他人對「負責任」的自私解讀。

自由是我們必須堅持的一件事。在閱讀這本書的過程中，你會發現起初看起來像是微不足道的瑣事，其實是其他人試圖奪走你的掌控權，拉著你往失去自由的方向走，不論時間多麼短暫或多麼難以察覺，就是害你成為了犧牲者。

當你開始發展出一整套「拒當犧牲者」的心態和行為，並且在生活中時時刻刻奉行，就是為自己選擇了自由。事實上當你實踐追求自由的行為，就能建立內在的習慣，不再當環境的奴隸，得到解放。

實現自由人生最好的方法，大概就是記住這條原則：絕不要**完全**依賴其他任何人幫你指出人生方向。或者如同愛默生（Ralph Waldo Emerson）在《自立》（*Self-Reliance*）一書中所說的：「除了自己，沒有什麼可以帶給你安寧。」

在我多年的諮商經驗中，時常聽到下面這類感嘆：「但是她答應我她會做到，可是卻讓我失望了。」「我知道我不應該讓他處理這件事，特別是這件事對我非常重要但是對他卻不算什麼。」「他們又讓我失望了。我要到什麼時候才學會教訓？」這些後悔哀嘆代表這些人允許其他人以某種方式對他們造成損害，因此侵害了他們的自由。

以上關於自由的討論，並不意味著你應該和其他人保持距離，孤立自己。恰好相反，拒當犧牲者的人往往喜愛與人同樂，他們開朗合群，**因為**拒絕讓別人操縱他們的人生所以在人際關係中更有安全感。他們不需要發脾氣或與人爭辯，因為他們**發自內心**覺得：「這是我的人生，我自己一個人的體驗，我在世的時間非常有限，不能被其他任何人主宰，必須隨時提防有人妨害我做自己的權利。如果你愛我，應該愛我本來的樣子，而不是你想要我成為的樣子。」

但是你已在充滿加害傾向的社會裡生活了這麼多年，以致養成眾多犧牲者的習慣，要怎麼樣才能從中得到「健康的自由」呢？

擺脫犧牲者的習慣

從小在家中你就因為身材比不過大人而常常成為犧牲者，受制於人，你只能背地裡抱怨，心裡知道沒什麼辦法能奪回控制權，因為你沒辦法養活自己，如果不跟著大人的規劃走，也沒什麼別的路可以選。你頂多只能逃家二十分鐘，感受到自己多麼無能為力之後，摸摸鼻子回來接受現實。其實小時候讓別人對你發號施令是很合理的安排，因為實際上你並沒有能力實現那些脫離現實的「夢想」，雖然你想要爭取獨立，但另一方面你又安於讓別人幫你思考未來，指點人生方向。

長大以後你可能還保留很多兒時的舊習慣，這些習慣在小的時候是有道理的，但是現在卻讓你很容易成為犧牲者。你可能會發現自己被「大人」欺負，但卻習慣性允許這種事情發生，因為你已經太習慣接受這種情況了。

要跳出犧牲者的陷阱，最重要的就是養成新的習慣。健康和不健康的習慣同樣都是經過練習培養而成，所以首先你必須注意要養成什麼樣的習慣。

你不必事事都要照自己的方式，但至少可以期待在生活中不管遇到什麼事，都不會讓你沮喪焦慮，縛手縛腳。只要選擇不自尋煩惱，就能根除掉自己加在自己身上的一大犧牲者惡習。

犧牲者陷阱讓你受到其他人的掌握控制，或是讓你產生不必要的焦慮挫折感，懷疑自己做出的決定會得到什麼樣的結果。要消除這些陷阱需要從四個方面著手：(1) 學會評估生活中的情境；(2) 養成堅定的「拒當犧牲者」想法和態度；(3) 認識在你的生活中和社會上最常見的受害類型；(4) 建立一套守則，擬定詳細策略引導自己用行動實現絕不動搖的人生信念：我不要當犧牲者。其中第一到第三項會在一開頭的本章簡短介紹，第四項則在後續各章詳細說明，列出一連串的指導方針教你建立全新的「拒當犧牲者」心態。

評估生活情境

拒當犧牲者很重要的一個部分，就是學會評估可能受害的情境，然後再決定該怎麼做。每次與人互動時，都必須睜大雙眼，在受害情節發生之前就趕快避免。

評估情境意味著保持警覺，培養一種自然而然避開被人利用的新能力。你要估量打交道對象的需求，思考什麼樣的行動最能達成你自己的目標，而你的目標應該包括和願意尊重你的立場的人和睦相處。在可能成為犧牲者的情境中，甚至在你接近某人或開口說話之前，就能預測到可能遭遇的加害行為。如果你想要避免落入喪失自我的陷阱，就必須學會快速有效的評估。

舉個例子，喬治去百貨公司退換一條有瑕疵的褲子，根據他的評估，店員一副臭臉心情很不好的樣子。他只想要拿回錢，並不想要和疲倦暴躁的售貨員起衝突，他知道要是和店員鬧不愉快，或是更糟的情況直接被拒絕，到時候再去找經理談會更難成功，因為經理會不願意否定店員的做法，而店員的工作就是堅持店家「概不退換」的政策。如此一來店員反倒成了最大受害者，他只不過是執行公司的規定，這也是公司付他薪水要做的工作。

所以呢，喬治直接去找上司，上司的工作就是在絕對有必要的時候打破規則。如果這家店的規定對顧客不利，喬治可能需要提高音量大聲說出主張，但要是他應付得當，很有可能順利拿到退款，不必訴諸更極端的行動。

本書的最後一章列出了很多類似的日常生活典型情境，同時列出了犧牲者和非犧牲者二種應對方式讓你參考。

評估生活情境不只意味著隨時睜大眼睛觀察，還要有一套計畫並且認真執行。如果一開始的A計畫失敗了，應該要能夠冷靜地換成B計畫、C計畫，以此類推。以上面喬治的例子來說，要是經理拒絕退錢，他可以換成B計畫，比方說找店長談，或是寫信給管理團隊，又或許他可以試著提高音量（但是不要讓自己被怒氣沖昏頭），或是假裝很生氣、大聲喊叫，或是在店裡上演歇斯底里的戲碼，或者苦苦哀求，或是別的辦法。

不論你有什麼計畫，絕對不要讓結果的成敗影響到你的自我價值。有必要的時候就換個方向，不要讓情緒困在裡面。喬治的目標是拿回退款，你的目標可能是要買到票，或是吃到熟度讓你滿意的牛排，不論目標為何，那只是一件你想要做到的事，或許今天成功明天失敗，不代表你的個人價值或幸福快樂會因此改變。

豎起耳朵注意自己的遣詞用字，包括內心的想法和實際說出口的話，注意聽你是不是自己在求人家利用你、傷害你；學會聆聽之後，你將更懂得如何評估生活中遇到的事。下面是一些常見的說法，如果你真心想要脫離犧牲者的行列，就必須換掉這些說法或想法。

- **「我知道我會輸。」**

這種心態幾乎毫無例外保證你登上其他人的現成受害者名單。如果你決定相信你能「贏」，能夠得到你應該享有的東西，自然無法容忍輸的念頭。

- **「和其他人對質總是讓我覺得很不愉快。」**

如果你預期會不愉快，那麼多半會成真。改個想法吧：「我拒絕讓別人造成我的不愉快，我也不要讓自己不愉快。」

- **「像我這樣的小人物根本沒有機會。」**

如果你相信自己是個微不足道的小人物，那你就真的是。這種思維顯示出你已經向你認定為「大人物」的對手投降。不要這樣想，不管面對什麼情境，總要抱持著「我要達成我的目標」

的念頭。

- 「我要讓那些混帳知道我可不是好惹的。」

這句話聽起來強悍，但是這樣的態度往往會使你成為輸家。你的目標不是向任何人證明任何事，而是要取得實際的益處，不讓那些意圖占你便宜的人得逞。當你把目標設定為「我要做給誰和誰看」的時候，就已經讓他們控制了你。（參見第五章「安靜有效的生活」。）

- 「希望他們不會因為我提出問題而生氣。」

會擔心別人生氣，再次顯示出你活在別人的控制之下。一旦讓人知道你害怕他們發怒，他們就會在可以利用的時候利用這一點從你身上撈好處。

- 「如果我說出我做了什麼，他們八成會覺得我很笨。」

這種念頭代表你把別人對你的看法看得很重要，超過你對自己的看法。如果其他人知道你不想被當成笨蛋，而他們可以利用這招操縱你，肯定會對你擺出「你是笨蛋」的表情讓你乖乖聽話。

- 「如果照我的意思做，我怕傷害到他們的感情。」

這是另一個導致你吃虧的原因，如果其他人知道可以藉由「感覺受傷」來操控你，毫無疑問每當你不遵守他們訂下的規則或是當你宣示獨立自主的時候，他們一定會用這招對付你。所謂「感覺受傷」，百分之九十五是在做戲，倘若你很容易上當受騙，這招就可以無限循環使用。只有犧牲者才會認為必須時刻小心注意別人是否感覺受傷，把這當成義務。話雖如此，不代表你拿到免死金牌可以對其他人完全不管不顧，只是你應該要了解，當人們發現無法用那些情緒來操縱你的時候，通常就不再會感覺受傷。

- **「我自己一個人沒辦法啦，我要找個不會怕的人幫我做這件事。」**

這種反應會讓你學不到任何東西，而且必定會妨礙你養成拒當犧牲者的性格。讓別人代替你上場作戰，只會讓你學會逃避，強化你對「做自己」這件事的恐懼。此外，要是那些很會鑽空子的人發現你不敢面對自己的挑戰，下一次他們一定會設法繞過罩你的「大哥」，一次又一次占你便宜。

- **「他們真不應該這樣做，這不公平。」**

這種想法顯示你是從自己的角度看世界，期待事情照你想的發展，而不是從現實的角度出發。這個世界本來就不公平，就算你不喜歡或甚至抱怨連天，也無法改變什麼。放下你的道德評斷，別再抱怨別人不該怎麼做，而是改成對自己說：「既然他們這樣做，那我要用下面這些方法應對，保證讓他們討不了好去，以後不敢再犯。」

以上只是幾個最常見的例子，這類自己害自己的思維將帶你走上自毀的不歸路。

透過對自我以及社會文化的評估，你可以：(1)有適當的期待；(2)消除自我懷疑；(3)執行計畫A、B、C等等；(4)不管事情進展如何，你都不會因此而心煩意亂或是被困在原地；(5)一直堅持到目標實現為止。採用這套方法將能幫助你消除至少四分之三的受害情況，至於剩下四分之一的情境實在無法達成目標時，你也能從中學習，避免未來陷入無計可施的情境。當事情不如意時，你無需感覺受傷、沮喪或焦慮，因為這些都是犧牲者的典型反應。

期待成為「非犧牲者」

一般而言，你將會成為你預期的樣子，所以只有當你停止預期成為犧牲者，你才能成為一個「非犧牲者」。首先你必須培養正確的心態：期待自己快樂、健康，能夠充分發展，不被欺負，這些期待依據的是你自己**真正**的能力，而不是因為有人或組織硬是把他們的理想套在你身上。我建議你從以下四個方面著手，在這四大重要領域你可能已經被訓練成低估自己的能力。

1. **身體能力**：身為有判斷力的成年人，當你判斷自己的身體足以做到某件事情時，沒有什麼能阻擋你，在極端情況下你的身體甚至可能展現近乎「超人」的能力。麥可・菲利浦斯（Michael Phillips）在《你體內隱藏的力量》（*Your Hidden Powers*）一書中提到：「和兒子開車旅行的一個老太太，開到偏遠的沙漠地區時車子出問題，兒子用千斤頂把車頂起來，爬到車身下面修理，沒想到千斤頂滑開，車子掉下來，把兒子牢牢壓在炙熱的柏油路面。老太太很清楚除非把車子從兒子的胸口移開，否則幾分鐘內他就會窒息。」老太太沒有時間去盤算自己不夠強壯或是失敗了怎麼辦，根據菲利浦斯的描述：「她幾乎想都沒想就一把抓住保險桿把車舉起來，而且撐的時間久到足以讓兒子爬出來。兒子一脫困，突如其來的蠻力跟著消失，她鬆手讓車掉回路面。她成功舉起數百公斤重的車子至少整整十秒，對一個體重不到六十公斤的女性來說是非同小可的成就。」類似的故事還有很多，重點是你要知道，就算你原本沒有預期或是不敢相信自己做得到，你也能做到看似超人的舉動。

對於自己的身體健康，你也能建立正確的心態或期待，避免自己害自己。你可以盡力預期自己不會感冒、不會得流感、高血壓、背痛、頭痛、肚子痛、過敏、長疹子，甚至是更嚴重的疾病像是心臟病、胃潰瘍、關節炎。或許讀到這一段話時你會說我錯了，你對病痛根本無能為力。我想請問你：這樣想對你有什麼好處？為什麼你要繼續辯稱這些病痛是自然現象，然後任由身體的防禦系統使你什麼事都做不成或生病？

堅持相信自己會生病能讓你得到什麼？想想看，如果你不再預期身體出毛病，如果你開始認真改變心態，說不定有些病痛會消失，這個誰也說不準。就算你試了改變心態但沒有用，也不過就是維持現狀，繼續和現在一樣頭痛感冒生病罷了。有個非常聰明的智者曾經說過：「不要急著咬斷我的手指，先看看我指向哪裡吧。」你的態度可能成為全世界最棒的解藥，前提是你要學會運用這種藥方，而不是堅守傳統文化中典型的自我挫敗式預言。弗朗茲・亞歷山大（Franz Alexander）醫師撰寫的《心身醫學原理及應用》（*Psychosomatic Medicine, Its Principles and Application*）談到心靈的力量：「儘管這個事實不被生物學和醫學所承認，但我們的身體確實受到心靈主宰，這是我們所知最基本的人生事實。」

2. **心智能力**：有一項在公立學校做的研究十分發人深省，警告我們不可讓外力限制對學習成就的期待。在這項一九六〇年代的研究中，發給老師的某一班學生名單上寫著智力測驗的真實分數，另一班則是在智商欄位填入學生的置物櫃號碼。學期初名單公布以後，第二班的老師和學生都以為置物櫃號碼是學生的實際智商。過了一年之後發現，第一班的學生當中智商高的人成績優於智商低的人。而在第二班的學生當中，則是置物櫃號碼比較大的人成績明顯比較好！

如果別人說你笨，而且你讓自己相信自己很笨，就會有符合這種期待的表現，用過低的期待害了自己。如果你還說服其他人也相信這件事，那更是雪上加霜。

你有自己的天分，你可以期待讓天分充分發揮，或者也可以認為自己天生腦袋瓜不如人，比不過人家。同樣的，重點在於你對自己有什麼期待？你可以選擇相信學習新東西是一件困難的事，然後發現學習的過程一如你所預期的困難。舉例來說，你預期自己永遠不可能學會一門新的外語，那麼你當然永遠不可能學會。

但是實際情況是，你的大腦雖然只有一顆葡萄柚那麼大，可以儲存的資訊量卻十分驚人，保守估計有一百億個可用的神經元。如果你想了解自己**到底**知道多少事情，麥可・菲利浦斯建議做這個簡單的練習：「準備好紙筆，坐下來寫出你記得的每一件事，包括你認識或曾經聽過的人名、從兒童時期起發生的事、小說和電影的情節、你曾經做過的工作內容、你的嗜好興趣以及諸如此類的東西。」不過你可要做好心理準備，這會花上你很長的時間，因為菲利浦斯接下來說了：「如果你每天寫上二十四個小時，大概要花二千年才能寫完。」

光是天生的記憶容量就如此驚人，你還可以訓練你的頭腦，不需要費很大的力氣練習就能記住某一年內你撥過的所有電話號碼、記住派對上新認識的一百個陌生人姓名並且在好幾個月以後還想得起來、詳細描述過去一個星期發生的每一件事、在一個房間停留五分鐘後就能憑記憶說出裡面的每一樣東西，或是背誦一長串毫無關聯的事實。說到腦力和心智能力，其實你擁有非凡的力量，只是你可能對自己有另一套期待，結果害了自己，這些不好的想法包括：「我真的不太聰明。」「我永遠記不清楚姓名、數字、英文單字或其他東西。」「我的數學就是不行。」「我看書很慢。」「我絕對不可能解開這些謎題。」

上面這類陳述背後隱藏的心態，將妨礙你達成你想要實現的任何目標。不如換個方式，表達出你的信心，相信你能學會你選擇去做的任何事，就不會讓自己身陷可悲的「矮人一截」深淵。

3. **情感能力**：與生俱來的情感能力，和你擁有的身體、心智能力同樣優異。再說一次，一切取決於你對自己的期待。如果你預期會感到沮喪、焦慮、害怕、生氣、內疚、擔憂，或是出現我在《為什麼你不敢面對真實的自己》這本書中描述的其他神經質行為，那麼就是在邀請這些症頭成為你生命中的常客。你會為這些情緒辯護：「沮喪是很自然的現象」或「生氣是人之常情」。然而這並非人之常情；讓情感創傷把人生搞得一團糟根本是精神錯亂，其實你有能力停止期待自己做出這種反應。只要過好每一分鐘，不要聽信那些誇誇其談的心理健康專家譁眾取寵的言論，就能避開這些「誤區」。你的選擇造就了你這個人，如果你停止預期情緒惡劣或波動不穩，就能開始展現出健全的人格。

4.社會能力：如果你認為自己笨拙、木訥、不擅言語、詞不達意、害羞、內向等等，就是在期待自己不善交際，自然會展現出相應的不善交際行為。同理，如果你把自己歸類為下層、中層或上流階層，就很有可能奉行那個階層的生活方式，而且可能持續一輩子。如果你預期錢很難賺，這樣的態度往往會使你看不到改善經濟情況的機會，只會在一旁看著其他人的生活變好，然後說那是因為他們運氣好。如果你預期開車到市中心會找不到停車位，那麼你就不會認真找車位，然後就可以理直氣壯說：「我早說過我們今晚不應該來的。」你對自己在社會當中的表現有什麼期待，在很大程度上決定了你的人生樣貌。想要有錢，首先要想著有錢才行。現在就開始想像自己說話有條理、有創意，或任何你想要成為的樣子。就算剛開始遇到一些挫折也不要氣餒，把挫敗當成學習經驗，繼續走下去。換一套社會期待以後可能發生最壞的事不過就是原地踏步——既然你已經站在這個位置上，何不期待走到更好的地方？

常見的加害者類型

一旦你開始調整期待以符合你真正的能力，接下來要處理的問題是那些阻礙你實現期待的加害者。你可能在各種社會情境中被任何人占便宜或欺負，不過其中有一些特別難搞的類型。下面描述的六類加害者將不時出現在本書其餘章節的案例中，就像你不時會在生活中遇到這些加害者製造的問題。

1. 家人。在最近一次演講時，我請全部八百位聽眾列出他們最常遇到的五個受害情境，總共收集了四千個典型的犧牲者情境例子，其中**百分之八十三**和家人有關。想想看，當你感覺犧牲或受害時，有百分之八十三的情況是因為你沒辦法有效和家人溝通，結果是讓他們控制或操縱你的行為，而且你也正在對他們做同樣的事！

典型的家庭脅迫例子包括：被迫拜訪親戚、打電話、當接送司機、忍耐父母或孩子或多話的親戚嘮叨個沒完、幫家裡每個人收拾善後、被當成僕人看待、不被其他家人尊重或感激、被迫和忘恩負義的人共處、在家庭期待下沒有隱私等等。

家庭無庸置疑是社會發展的基礎，是培育價值觀與態度的主要單位，同時也是我們接觸並學習到最多敵意、焦慮、壓力、憂鬱的地方。如果你有機會造訪精神醫院和裡面的患者談話，你會發現幾乎人人都和不同的家庭成員相處有問題。會讓人精神失常到必須住院治療的，不是鄰居、雇主、老師或朋友，幾乎總是與家人相處遇到困難。

謝爾登・柯普（Sheldon B. Kopp）的著作《如果你在路上遇到佛陀，殺了祂：心理治療患者的奇幻之旅》（*If You Meet the Buddha on the Road, Kill Him! The Pilgrimage Of Psychotherapy Patients*）有一段寫得很精彩：

> 讓唐吉訶德的家人和鄰里感到很苦惱的是，他選擇了相信自己。他們瞧不起他追尋夢想的心願。對於他的瘋狂騎士夢，他們聯想不到起因是他生活在虔敬教徒之中乏味到了極點。無論是拘謹的外甥女、自以為知道怎麼樣對每個人最好的管家、沉悶的理髮師、村裡自負的神父，全都知道是那些危險的書在唐吉訶德糊塗的腦袋裡裝滿了荒謬的想法，使他發狂。

然後柯普從唐吉訶德的故事，類推到現代家庭對嚴重精神失常者的影響：

這一家人讓我想到一些年輕的思覺失調症患者出身的家庭。這些家庭往往顯現出超乎尋常的穩定和道德良善，但實際上是發展出了一套精細微妙的暗示體系，在任何一分子即將做出自發性行為時提出警告，避免發生任何事使這搖搖欲墜的家庭平衡傾覆，暴露出依靠過度控制營造出的穩定假象。

你的家人可以成為你生命中最有福報的一部分，前提是你要做出對的選擇。家人也可以反過來變成一大災難。如果你允許家人操控你，他們有可能同時拉著你往數個不同方向跑，力量大到把你扯得四分五裂。

立志成為「非犧牲者」將促使你活用本書中介紹的原則，尤其是對最親近的家人。對於那些把你當成所有物的家人，那些僅僅因為血緣關係使你感到有義務保護的家人，或是以為憑著親屬身分就**有權**對你的人生下指導棋的那些人，你必須導正他們的觀念。

我不是在鼓勵發動家庭革命，但是我強烈建議你對那些最無法接受你獨立自主的人，也就是你的親人，更要盡力嚴格奉行非犧牲者的原則，不論對方是你的配偶、前夫前妻、父母、祖父母或小孩，各種姻親和親戚，從叔伯阿姨堂表兄妹到收養的家庭成員。面對這一大群親人，你的「拒當犧牲者」立場將受到最嚴苛的考驗，在這一關取得勝利，人生其餘部分將能輕鬆過關斬將。家人會這麼難搞是因為家庭成員時常感覺擁有彼此，就好像他們把畢生積蓄投資在彼此身上，好像自己是個大股東，不聽話的家庭成員則是「失敗的投資」，要用**內疚感**讓他們乖乖聽話。如果你正在家庭中扮演犧牲者的角色，允許家人對你為所欲為，建議你仔細觀察，看看他們是不是用內疚感迫使你排在隊伍裡，「向其他人看齊」。

這本書裡面舉了很多例子闡述有效的非犧牲者家庭行為，你必須下定決心不被支配，才能教會你的家人用你想要的方式對待你。信不信由你，他們終有一天會聽懂你發出的訊息，開始放鬆對你的控制，最讓人驚奇的是，他們會敬重你宣告獨立自主的表現。但是首先呢，我親愛的朋友，你要做好心理準備，他們會使盡一切手段讓你願意繼續為他們犧牲奉獻。

2.工作。除了家人的威脅利誘，另一個很有可能受害的領域是工作的限制。雇主和上司常認為手底下的員工等於自動喪失人權，變成私人財產，所以在工作中你很有可能感覺被操控，在管理人員或制度規章面前戰戰兢兢。

或許你痛恨你的工作，因為每天必須耗八小時的時間做這件事而感覺自己像個犧牲者。或許你因為工作的緣故被迫和心愛的人分隔二地。或許你是在勉強自己表現出你不願意的樣子，要是能換個工作你才不會這樣表現。或許你和上司處不好，或是和同事意見不合。對工作過度忠誠，為了工作而放棄其他事，像是個人自由和家庭責任，是另一條犧牲的不歸路。

如果你對工作的期待破滅或不如意，如果你感覺工作本身和工作的責任使你痛苦，花一些時間問問自己，為什麼你要做一份**不把你當人看**的工作？

我們的倫理文化中有一些強烈的迷思使我們成為工作中的犧牲者，其中之一就是無論如何都必須堅守工作崗位，萬一被**開除**也絕不能換別的工作。「開除」這個詞聽起來就有一股殺人的狠勁。另一個迷思是常換工作是不成熟的職業表現，更別提轉換職涯跑道了。

小心這類不合邏輯的信念，要是信了這些話，會帶你直接走上工作犧牲者之路。在同一家公司服務滿五十年領到的紀念金錶，絕對不足以彌補這麼多年來你對自己和工作的厭恨。

你可以從事的職業百百種。有效的做法是**不自限**於目前的經驗或訓練，你要知道，你可以做的工作多不勝數，因為你是一個有彈性、有熱情、樂於學習的人。（第七章將會更完整說明避免為工作犧牲的對策。）

3. **專業與權威人士**。頭銜響亮或地位權威的人會讓你輕易交出主控權。醫生、律師、教授、高階主管、政治人物、娛樂和運動明星等，在我們的文化中取得了過於膨脹的地位，你可能會發現自己特別無力招架這些「超級人物」，在需要他們的專業服務時只能任其宰割。

大多數病人覺得非常難開口和醫生討論收費問題，帳單上寫多少錢他們就照付，然後一面感覺自己被坑了一面自我安慰。很多人因為不好意思尋求第二或第三位醫生的意見，而面臨不必要的手術，這又是討厭的受害者症候群在作祟。如果你沒辦法跟人討論他們提供的職業服務收費方式，只因為你把他們的地位抬高到你自覺遠遠不如的程度，甚至覺得他們可能不屑聽你說話，那麼每次你考慮購買醫療、法律、教育等服務的時候，就是自己挖好坑準備好跳進去。當你用特殊的頭銜稱呼這些人，像是「醫生」、「教授」、「先生」，就是把自己擺在低位，結果必然感覺自己低人一等，而且因為你沒辦法站在平等的立足點上與對方往來，所以很有可能受害成為犧牲者。

為了避免落入權威人士的犧牲者陷阱，你必須開始把他們單純視為人看待，他們並不比你重要，他們只是受過某方面的專業訓練，因此在執行這些工作的時候能拿到高額的薪酬。記住，真要說誰比較重要，那也應該是被服務的人，出錢的人才是主角。人必自重而後人重之，如果你重視對方超過自己，就不可能得到平等的對待，不平等的地位使你成為必須仰人鼻息的犧牲者，只能排隊等待，期盼被你捧在高位的那個人施捨善意，盲目相信那個不肯跟你討論費用的人（或者是用一種開恩的態度三言二語帶過）不會亂開價或把你當肥羊痛宰。

然而這一切之所以發生，是因為你讓它發生。如果你**要求**得到尊重，專業和權威人士就會尊重你；別忘了以禮相待並尊重對方的專業，但是絕不要因為覺得他們有特殊地位就畏首畏尾，或是允許他們用別的方式使你成為犧牲者。

4.**官僚制度**。疊床架屋的繁瑣體制另一大加害者，大部分機構並不擅長為民服務，反而是用不近人情的方式利用人們，尤其是政府和非營利獨占性機關，例如公用事業。這類機構是有著千百隻觸手的龐雜怪物，裡面充斥著無止盡的表格、部門、繁文縟節，以及漠不關心的雇員——或者就算他們關心，但也和他們試著服務的對象同樣無能為力。

大家都知道換發駕照或是上交通法庭有多麻煩，或許你還經歷過納稅評估，花了好幾個月甚至幾年的時間經過數不清的層層官僚，最後告訴你打從一開始就沒機會翻盤。電話費或電費帳單明顯出了錯，要修正卻是困難重重；某台笨電腦一直寄發根本不該寄給你的帳單催繳通知，想叫它停止？請做好和巨人搏鬥的心理準備。說不定你曾經在就業服務處體驗過長長的排隊人龍、冷漠的辦事員、沒頭沒腦的問題和無休止的文書作業組成的四重奏，毫不尊重你的人權。你也一定聽過和社會安全局或國稅局打交道的恐怖故事，偉大的法院系統更不用說，光是判決離婚這種簡單的案子就要花上幾年的時間，小小的交通違規也要被一大票晚娘面孔的承辦人員賞臉色。

和官僚制度打交道常讓一般民眾吐血，然而維持這個體系運作的也是一般民眾，只是不知道為什麼，一般人坐到辦公桌後面就立刻擺出官老爺的架子。

你可以採取一些策略對抗官僚制度內存在的巨大加害魔手，但是官僚制度本身幾乎不可能改變，要改變可以說是難如登天，所以你必須小心謹慎，以免被啃得屍骨無存。

最有效的策略就是盡可能迴避，也就是乾脆拒絕加入官僚制度的賽局。要知道，很多人需要依附於體制才能感覺自己很重要，所以你不必為此嘔氣，每一次和這些組織打交道，就當成是一種挑戰，與你個人無關。梭羅（Henry David Thoreau）在《湖濱散記》（*Walden*）中大聲疾呼：「簡約，簡約，簡約！我說呢，把你的事情簡化到兩三件，而不是一百件或者一千件」。但是我們的社會以「服務大眾」之名所創造出的怪物卻是離簡約最遙遠的東西，要是有人想效法梭羅搬去湖邊住二年，咱們的官僚制度不僅會嗤之以鼻，還會發出一堆公文信函通知他不能住在那邊，並且堅持要他付錢購買漁獵、居住和用水執照。

5.全世界的店員／辦事員。如果你曾經認真觀察過，就會發現大部分店員和辦事員（但並非全部）的存在，根本是為了從各方面侵害你的權益。

找辦事員投訴，往往只是浪費口舌，他們的工作本來就是確保**你**遵守**他們的**公司政策，他們必須執行明定的規則，阻止你不按照規定的方式走。

對許多店員和辦事員來說，顧客的權益與他們並沒有切身的利益關係，賣出劣質商品的店員才不關心你能不能退款，或是你會不會從此不再上門買東西。通常只要能阻止你打擾他們的上司，他們的工作就算完成了，而且這類職員還很愛用公司的「權威」打壓人，常掛在嘴邊的一些話包括：「抱歉，這是我們的公司政策。」「很遺憾，你必須寫信給公司。」或是「去那邊排隊。」「下個星期再來。」「走開別擋路。」

或許對付全世界店員／辦事員最好的辦法，就是牢牢記住五字真言：店員是混蛋！

別誤會，我不是說那些人很混蛋，在店員角色的背後，是一個本性善良、獨一無二的重要的人，只是一旦站上領薪水執行政策的加害者位置，就變成了混蛋。避開店員，去找那些真正能幫到你的人。如果你在大型百貨商場威脅店員，說你再也不會來購物，你覺得他們會在乎嗎？當然不會。在他們眼中，這份工作就是餬口的薪水，你喜不喜歡這家店對他們來說根本無關緊要。這可不是什麼偏激的看法，說到底，他們為什麼要在乎？這個工作本身要求他們不要在乎，付薪水給他們就是為了避免你違反規則，讓他們的雇主不用花錢、花時間或力氣應付你。但是你不必和店員糾纏，除非你很享受被迫害。

不管怎麼說，對店員和辦事員我們不應該有半分不敬；說不定你就是其中之一，我自己也曾經做過多年的店員。但是為了有效得到你認為應得的東西，不管是在百貨公司、保險公司、雜貨店、政府機關、旅店、學校等地方，第一步就是做好心理準備，絕不讓任何店員危及你的權益，你可以把他們看作是阻礙你通往目標的路障。

6. **你自己**。是的，就是你。雖然上面五大類洋洋灑灑寫了這麼多，還有其他不及列出的無數加害者和類別，但是**你**才是最關鍵的人物，你可以決定自己會不會因為任何事或任何人而感覺受傷、沮喪、生氣、擔心、害怕或內疚。

除了前面提過的因為別人的舉動不符合你的心意而難過生氣，還有其他數百種害自己的方式，下面列出一些比較具有代表性的類別，是你可以靠自覺做出改善的：

- 你所受的訓練。如果你明明已經不再能夠從工作中得到樂趣，卻因為當初受的是這方面的訓練而繼續做下去，那你就是在害自己。假設是你是個四十歲的律師或技工，從事這個職業**只是因為**有個十七歲的青少年決定你應該走這條路，這表示原本應該能夠給你更多選擇自由的職業訓練反而使你成了受害者。你有多常把關於人生該怎麼過的重要決定交給一個十七歲的孩子？所以說你又何必堅持自己十七歲時做的決定？成為今日的你想要的樣子吧！要是對自己、對工作不滿意，去接受新的訓練就好了。

・**你的經歷**。如果你做事情的理由是「一直以來都是這樣的」，那麼你可能是自己過去經歷的受害者。舉例來說，儘管目前你的婚姻不幸福，但是因為你已經投入了二十五年的時間，所以你還是要繼續維持這段婚姻；你住在某個你不喜歡的地方只因為你一直都是住在那裡，或是因為你的父母親以前就住在那個地方。你可能會覺得，如果拋棄了過往歷史中任何重要的部分，你將會失去一部分的自我。

換個角度想，不管你到今天為止一直是什麼樣子，都已經是過去式，如果你要依據「以前是怎麼做的」來決定今天可以或不可以做什麼，就很有可能因為自絕於此時此刻的廣大自由世界之外而使自己受害，而你拒絕的原因僅僅是因為你過去從來沒有機會享受過這些東西。

・**你的倫理價值觀**。或許你的道德信念和你的個性或想法不符，甚至背道而馳，但你還是繼續秉持這套理念，因為這已經成為你對自己的期望。比方說你認為和別人想法不同或是發表相反意見的時候，你必須要為此道歉；或者你認為說謊**一定**是不好的；或者你有一些關於性的原則使你無法樂在其中。不論是哪一種情況，你可以做的是定期檢視自己的倫理價值觀，拒絕因為堅持行不通的信念而持續害自己。

• **你如何對待你的身體**。你對待身體的方式可能非常具有破壞性，最後使你成為終極受害者——屍體。你只有一副身體，所以為什麼不讓這副整天跟著你的身體既健康、有吸引力又美好呢？允許自己因為不當的飲食或缺乏運動而過胖，就是在害自己；允許自己的身體對藥物或菸酒上癮，就是有效地殘害自己；不給身體適當的休息或是讓緊張壓力把身體搞垮，也是在害自己。你的身體是有力、高效能的襯手工具，可是你有太多方式濫用身體，像是排斥否定自己的身體，或是用低品質的燃料和成癮物質為身體提供動力，這些東西到最後只會毀了你的身體。

• **你的自我肖像**。前面談到能力的段落已經介紹過，你的自我形象會影響你在生活中是否會成為一個犧牲者。如果你相信自己做不到某件事、相信自己不漂亮、不聰明，或諸如此類的想法，那麼你也會相信其他人就是這樣看你的，你會做出相應的行動，甚至真正**成為**那個樣子。為了避免成為「反射式犧牲者」，建立健康的自我形象至關重要，這樣你才不會像醫生拿個小槌子敲你膝蓋時那樣做出可預期的反射性回應。

結語

你可以運用想像力找到無數的方式害自己，但如果把你的想像力用在積極的方面，同樣能夠找到方法脫離犧牲者的狀態。要怎麼做，選擇權完全操控在你手裡。

第2章

有力量的生活

世上並不存在恐懼這種東西，僅有恐懼的思想和逃避的行為。

二十一個問題檢驗你目前的位置

你通常居於弱勢還是強勢？拒當犧牲者的第一大原則就是：永遠不要自甘居於弱勢。下面的二十一個問題（按照第一章的常見加害者類型分類列出）可以用來評估你通常處在弱勢還是強勢。

家人

是／否

□　□　1. 你是否發現自己老是「跟隨」家人的意見，即使不喜歡還是會同意家裡其他人想要做的事？

□ □ 2. 你是否固定扮演司機的角色、負責幫其他人「擦屁股」，或是常常配合別人的行程過日子？

□ □ 3. 你是否覺得很難對父母、配偶或子女說「不」，沒辦法表達自己的感受？

□ □ 4. 你是否常不好意思對親戚明說你不想講電話，只能編藉口逃避？

工作

□ □ 5. 你是否不敢開口要求升遷，也不敢用堅定強硬的態度提出要求？

□ □ 6. 和上司的意見不同時，你是否盡量避免正面衝突？

□ □ 7. 你是否老是在做不重要的雜務，但是其實你並不喜歡這種角色分配？

□ □ 8. 你是否總是答應加班的要求，即使會耽誤重要的私事？

專業與權威人士

□ □ 9. 看醫生或牙醫時，你是否很難不擺出畢恭畢敬的態度？

□ □ 10. 即使你認為收費過高，是否照樣「閉著眼睛付帳單」而不敢詢問？

□ □ 11. 面對「有地位」的人，你是否難以開口告訴他們，他們的表現讓你失望？

□ □ 12. 如果老師給你打的分數不如預期，你是否就摸摸鼻子接受？

官僚制度

□ □ 13. 到公家機關辦事時，你是否總是沒完沒了在排隊？

□ □ 14. 遇到不公正的對待時，你是否不敢要求找主管？

□ □ 15. 面對推託搪塞打官腔的人，你是否只能唯唯諾諾當應聲蟲？

全世界的店員／辦事員

□ □ 16. 當店員告訴你必須遵守「概不退換」之類的政策，你是否乖乖照做？

□ □ 17. 你是否很難當面對店員說你感覺受到不當的對待？

□ □ 18. 在餐廳坐到不滿意的桌位時，你是否不敢開口要求換座位？

你自己

□ □ 19. 你是否避免和陌生人說話？

□ □ 20. 在路上遇到乞討的人，或是遇到怪咖拉著你說話之類的情況，你雖然不願意但還是會掏出錢或是陪著說話？

□ □ 21. 你是否發現自己開口說話、做事前都會先要求別人許可？

上面任何一題如果你回答「是」，就表示你把自己擺在弱勢的位置，結果因而受害。

力量的定義

所謂「強勢」，絕對不是指有權有勢，把別人玩弄於股掌之間，更不是咄咄逼人。我所說的「有力量的生活」，意思是過著**有價值**、**有效**的人生。

你一直是個有價值、重要的人，絕對沒有任何理由讓自己委屈，犧牲自己生而為人的基本價值，也不應該允許別人拉著你或推著你朝犧牲者的方向前進。此外，不管是什麼情況，你都有二個選擇：(1)有效的行動，達成你的目標，或(2)不行動或無效的行動，因此受限無法做你想做的事。在大部分情況中——不是全部，但大部分是如此——你能做出有效的行動，而在**所有**情況中你都能秉持身而為人的固有價值行動。

談到自我價值，你必須記住其定義就是你對自己的看法。你的價值不是由其他人說了算，也不是來自於你的成就或你完成的事，而是由你說了算，因為你相信自己有價值，最重要的是，因為你的**行動**表現出你認為自己有價值。

要成為一個非犧牲者，起步的原則就是在言語和行動中展現出自我價值，你要相信自己是有價值的，並且做出相應的行為。這才是我所說的「有力量」，也就是不把自己當成犧牲者。你不能因為情勢所逼所以裝出很強的樣子或虛張聲勢，而是必須發自內心深處相信自己是有價值的，從而做出有力量的行動，如此才能保證你被當成一個有價值的人對待。

自尊是與生俱來的，但是有效的行動可沒那麼理所當然。有時候你就是無法達成目標，偶爾你會遇到不可理喻的人，或是遇到必須退讓妥協的情境，以免受到更大的傷害。不過你可以把「損害」控制在不可避免的最低限度，更重要的是可以完全消除因為受挫而產生的情緒波動。

有效的行動是指運用所有資源和可行的策略去達成目標，但是不踩在別人的頭頂上。個人的自我價值和有效的行動，這二者為有力量的生活奠定基礎。

invalid這個英文字可以用來指「病弱無力的人」，但若把這個字拆開來變成in valid，則是「有效」之意。如果你把自己擺在弱勢的位置，那麼大部分時候你將成為輸家，不僅如此，你還放棄了自己生而為人的價值。你可能會問：「可是我怎麼可能這樣自己害自己？」

存在於你內心的恐懼

你會給自己很多理由不採取有力量的行動，這些理由多半源自恐懼：「要是……，會發生什麼事呢？」甚至你可能會承認自己時常「因為害怕所以不敢行動」。但是你認為那天外飛來阻止你做出任何動作的是什麼東西？如果現在叫你出門去找恐懼，裝滿一桶恐懼帶回來，結果必定是遍尋不著，空手而歸。世界上根本沒有恐懼這種東西，都是你自己想出來的，你自己製造的可怕想法、可怕的預期。世上沒有人能傷害你，除非你允許別人傷害你，這當然是你在傷害自己。

你用千百種理由說服自己相信，要是你按照自己的心意做事，會被人討厭，或是會有不好的事情發生，因此使自己成了犧牲者。但是你的恐懼只存在**你的心裡**，你有一套自圓其說的想法，用來避免正面對抗你自己加在自己身上的恐懼。你可能會用下面這些說法說服自己：

我會失敗。
我會看起來很蠢。
我缺乏吸引力。
我不確定。
說不定他們會傷害我。
說不定他們會討厭我。
我會十分內疚。
我會失去一切。
他們可能會生我的氣。
我可能會丟掉工作。
我會上不了天堂。
要是我那樣做，很可能發生不好的事。
如果我那樣說，一定會感覺很糟。
我良心過不去。

這些想法暴露出你內心的思路，造就你維持從恐懼出發的處事態度，使你無法活出有力量的人生。每一次你用這種恐懼的句子自我安慰，就是加強弱勢的心態，接下來犧牲者的印記很快會出現在你的額頭上。

如果你一定要獲得保證一切都會平安順利才肯承擔風險，那麼你將永遠踏不出第一步，因為誰也無法保證未來。人生會發生什麼事無從保證，你必須拋開惶恐，才能得到想要的東西。此外，幾乎所有恐懼的想法都只發生在你的腦袋裡，你預想的災難其實甚少發生。如同一位古代哲人所說的：「我老了，這輩子我有很多困擾，其中大部分從來不曾發生過。」

曾經有個來找我諮商的個案長期受到恐懼的困擾：唐娜小時候住在加拿大，有一次她因為不敢開口問公車司機應該把車錢投進什麼地方，寧願走六公里多的路回家。她敘述自己整個童年都活在恐懼之中，一個例子是她太害怕上台做讀書心得報告，以致在輪到她向全班做口頭報告的時候，她真的生起病來，發高燒、不由自主嘔吐，無法上學。成年以後，她去參加派對時，上廁所卻無法讓膀胱解放，因為她怕別人聽到排尿的聲音而笑她。

唐娜是自我懷疑的集合體，恐懼主宰了她的生活。她尋求諮商是因為厭倦了因為自身的恐懼而受害。我在幾次療程中鼓勵她「小小冒險一下」之後，她開始從親身體驗中學到，消滅恐懼的解藥就是行動。她從小事開始，坦白告訴她媽媽下個星期沒辦法去探望，對唐娜來說這是很重大的一步。到後來她開始練習當面告訴店員和服務生她感覺服務很糟，最後她同意到我在大學教的一個班上發表五分鐘的談話。初次登台讓她內心揮汗如雨，但她順利完成了。

唐娜的轉變讓人驚嘆，她建立了挑戰恐懼的行為模式。她在我班上發表的演說很感人，沒有半個人察覺到她的緊張和自我懷疑。而且在經過三年以後的現在，唐娜成了「家長效能培訓」課程的講師，在紐約大都會區舉辦講座，參加者人數眾多。現在沒人會相信她曾經是個滿心恐懼的膿包。唐娜學會質疑自己內心支持恐懼的思路，成功認識到這套想法有多麼愚蠢，也學會了冒險，因而得以拋開恐懼，現在對她來說冒險已經是自然又有趣的事。

才華洋溢的英國作家暨字典編纂家山繆・約翰遜（Samuel Johnson）曾經寫過下面這段話：

> 所有恐懼都是痛苦的，恐懼並不能帶來平安，而是痛苦又無益的——因此每一次經過思考而消除無端的恐懼，都增添了人的幸福。

這段二百年多前寫下的文字，如今仍然鏗鏘有力。如果你的恐懼沒有任何根據，就是無益的，你必須消除恐懼才能變得更幸福。

恐懼的解藥：經驗

唐娜的案例點出了人生最重要的課題之一：除非你願意**行動**，否則無法學會任何東西，無法削弱恐懼。行動是恐懼的解藥，也是大多數自我挫敗行為的解藥，但是許多自甘居於弱勢的犧牲者卻逃避行動。我認為最有道理的一句教育格言是：

吾聽吾忘，
吾見吾記，
吾做吾悟。

你必須冒險做出挑戰恐懼的行動，否則你永遠無法得知甩掉恐懼會有什麼感受。你可以對著治療師說到口乾舌燥，你可以沉思到腦袋發痛頭髮發白，你可以聽朋友安慰你「沒什麼好怕的」聽到耳朵爛掉，但是在你去**做**之前永遠不可能真正了解。正如同沒有人能教會你害怕，也沒有人能教會你不要害怕。你的恐懼是專屬於你的情緒，你必須靠自己克服恐懼。

我曾經在海灘聽到一個媽媽對孩子大吼：「在你學會游泳之前不准下水！」這是什麼邏輯？就好像說：「在你學會走路之前不准試著站起來。」或「學會扔球之前不准靠近那顆球。」如果有人期待你學會某件事但是又不准你做，你必須了解那是對方的問題。如果你小時候大人就是這樣對待你的，然後你把今日被恐懼綁架的反應歸咎於此，那你真的會什麼事都做不成。小時候發生的事不可能重新來過，如果把這當成今日不行動的藉口，你永遠都會是同樣那個可憐的犧牲者。你的童年經驗是你父母根據他們的所知行動的結果，從現在開始你可以按照自己的想法行動，改變自己。走出去到處轉轉，試試這個、動動那個，失敗也沒關係——簡而言之，就是做實驗。你想想看，實驗和體驗有沒有可能反而使你變笨，減少成功的機會？如果你拒絕讓自己得到必要的經驗，就是在對自己說：「我拒絕知道」，這會讓你變弱，淪為其他人欺凌的對象。

除非你願意考驗自己，否則永遠不會知道什麼是力量；而如果所有的考驗都保證會成功，也就沒有考驗的必要，所以就算失敗你也不必氣餒，不要停止嘗試。等到你調整心態到願意去嘗試所有你認為值得嘗試的東西（請注意，是**你**認為值得，而不是任何其他人），你會體認到經驗就是恐懼的解藥。十九世紀的英國首相暨作家班傑明・迪斯雷利（Benjamin Disraeli）在早期著作中簡明扼要地闡述了：

> 經驗是思想的產物，思想是行動的產物。我們無法從書中學到如何做人。

首先你思考，然後行動，再然後你才會知道。記住這三個步驟，就能戰勝使你淪為犧牲者的一切怯懦恐懼。

非犧牲者必備：勇氣

勇氣就是願意面對恐懼。你會發現除非你願意鼓起一些勇氣，否則非常難克服恐懼；而當你願意鼓起勇氣的同時，你會發現勇氣早已存在你心中。

勇氣意味著對批評無動於衷，靠自己做決定，欣然接受自己的選擇造成的結果並從中學習。勇氣也意味著相信自己和自己選擇的人生，信念堅強到讓你切斷握在別人手中拉著你往反方向走的那些線。

在心中培養勇氣並得到飛躍成長的一個方法，就是再三自問：「**要是我這麼做，可能發生的最糟糕情況是什麼？**」考慮實際可能的結果以後，幾乎每一次你都會發現：拒絕成為反射式犧牲者根本不會帶來任何傷害或痛苦。通常你會發現自己就像個怕黑的孩子，其實根本沒有什麼好怕的，根本沒有什麼最糟糕的事可能發生。

一個實際的例子是我的老朋友比爾，他是個演員，想要爭取一齣百老匯劇裡面的角色，但是他害怕甄選。我要他想想看，失敗的話可能發生的最糟糕的事，他在回答的過程中開始打破了自己的恐懼：「可能發生最糟糕的事，就是我沒辦法拿到這個本來就沒拿到的角色。」

失敗通常意味著回到起點，雖然這個起點可能不盡理想，但肯定是你能應付得來的狀態。比爾使用「最糟情境法」看清楚自己的恐懼有多麼荒謬以後，恐懼自然消散，在甄選中表現精采。雖然他沒有贏得那個角色，但是四個月後他在歷經眾多甄選以後終於得到演出的機會。採取行動是打破犧牲受害狀態的唯一辦法，唯有行動才能讓比爾得到他極度渴望的角色。他可能並沒有**感覺到**自己很勇敢，但他鼓起了勇氣採取**行動**。美國女作家柯菈・哈利斯（Cora Harris）

的說法是：

當你沒有勇氣的時候，你所能做的最有勇氣的事情就是宣告自己有勇氣，然後做出相應的行動。

我喜歡「宣告勇氣」的概念，因為重要的是採取行動，而不是試圖說服自己你有多麼勇敢或多麼不勇敢，不管任何時刻都是如此。

屈居弱勢有什麼好處？

每一次你發現自己被恐懼麻痺，因而受害的時候，問問你自己：「這對我有什麼好處？」第一直覺你可能會回答「沒有好處」，但是再往深一層想，為什麼很多人寧願成為犧牲者也不願意堅持自己的立場、自主做決定呢？

因為放棄很容易，讓別人牽著走多輕鬆啊！表面上看來可以免掉許多麻煩和風險，避免尷尬的情境，如果事情出錯你還可以責怪操線的人，盡情痛罵他們，自己乾乾淨淨不用擔責任。另一個好處是**不必**改變，你可以「自由決定」繼續「乖乖當個犧牲者」，從世上的加害者那兒定期得到摸頭讚賞作為獎勵。

屈居弱勢的好處幾乎全部來自風險的避免，如果想要更完整了解各種神經質行為的報酬系統，可以參閱我寫的另一本專書《為什麼你不敢面對真實的自己》，在此就請各位簡單記住一件事：在追求改善生活品質的過程中，包括行為和心理各方面的改善，你必須時時刻刻評估自己內心的犒賞系統，儘管可能感覺到挫敗還是要堅持下去。

不要把任何人看得比自己更重要

如果你準備好認真嘗試「有力量的生活」，首先必須停止把其他人看得比自己更重要或更有價值。當你把別人捧到超過自己的地位，就是自己挖好了坑跳進去。有時候社會風俗要求我們謙卑低頭，例如對某些人說話要用敬稱，而為了清楚表達你的立場，有可能必須打破成規。擅長拿別人開鍘的人常會堅持你要用頭銜稱呼他們，然後對你則是直接喊名字。

所有成年人都應該遵守的一條重要原則是：**永遠用對等的態度去面對每一個人。**

我的一個鄰居湯姆就很了解對等的智慧，不允許別人用頭銜打壓他。有一天他去學校找校長談兒子換班的事，因為兒子的老師明顯無法顧及兒子的需求，校內另有一個更適合他的班。湯姆知道學校的政策是不准換班，但是死守政策就意味著要犧牲兒子的教育。

校長（不知道是有意還是無意）運用一連串的權力伎倆使湯姆處於守勢，首先校長坐在大辦公桌後面，讓湯姆坐在一張過小的椅子上，面前沒有任何可以「躲藏」的障礙物。秘書帶湯姆進來的時候，校長一副忙碌的模樣，顯示為沒什麼時間處理這件瑣事。最重要的是，秘書對湯姆介紹校長為「克萊朋先生」。

進校長室之前湯姆就向秘書問過校長的名字，秘書的回答是：「你問這做什麼呢？連我都不清楚，大家就是一直稱呼他克萊朋先生，畢竟他可是校長呢。」

所以湯姆對克萊朋先生提出的第一個問題就是：「請問你的名字是？」

校長頓了一下，他從來沒遇過家長用這句話當開場白，他知道自己棋逢敵手了，眼前的這個人不會像其他人那樣自亂陣腳。

校長回答：「羅伯特。」

湯姆追問：「我叫你羅伯特還是羅伯就好？」

「呃……羅伯就好。」至此湯姆已經贏了最重要的二步——他堅決不向權力計謀低頭，特別是頭銜的使用。

湯姆不必拍桌子爭取被平等對待的權利，他展現出自信，把「校長地位」單純視為一個事實，用理性去對待這個事實。他沒有放棄自尊低聲下氣，所以他沒有成為犧牲者，也不會被那些很樂意踩在他頭上的人踐踏。對了，後來湯姆的兒子順利轉班，這個案例之所以成功，很大原因是湯姆相信自己的價值並且付諸行動，從會面一開始他就佔據了有力量的策略位置。

在那些直接收你的錢為你服務的人手中，頭銜是特別強力好用的武器。（學校教職員領政府的薪水，則是你間接付錢。）你的房東、醫生、牙醫、律師等，都是**做你生意的人**，如果你感覺面對他們的時候矮人一截，應該好好問問自己為什麼。你是不是打從心裡覺得自己不夠重要，沒資格和那些人平起平坐呢？

我發現我能用對等的態度去面對我認識的每一個人，從來不曾造成任何尷尬，或使我自己、使其他任何人產生不好的感覺。如果你的上司想要或需要使用敬稱，你當然可以照做，不過一定要搞清楚這是他的需求，而不是你的需求。有人要你用特殊的方式稱呼他，你就大大方方給他想要的頭銜，但是同時別忘了問自己：「我是在滿足誰的需求？」如果是你自己感覺**有必要**這樣做，那麼你就是在低頭請人家來踩。

另一個捧高別人的做法是發出明顯的訊號，讓人知道你很樂於上當受騙。一個預期會被欺負的人，和預期自己絕對不會成為犧牲者的人比起來，哪一種人比較容易耍弄是顯而易見的。你可能在不知不覺中發出犧牲者的訊號，所以必須小心注意自己的表現。你是否老是躲在自責自貶的陰影之中？你是不是一開口就先道歉占用了別人的時間，暗示對方的時間比你的時間更寶貴？問問你自己，為什麼別人的時間比較有價值？沒有任何人的時間比較寶貴或比較有價值，除非你認為那個人比你更重要——而這樣的認知完全取決於你自己。

把別人抬高到超過自己的唯一時機，大概是把這當成一種策略發揮功用的時候。比方說如果「裝可憐」能夠得到好處，那就裝吧。但是假裝抬高其他人的策略只能偶一為之，當別的方法都沒效的時候才使用，因為這種做法意味著向對方發出「快來宰這隻大笨羊」的訊號，所以千萬要確定不會產生反效果。如果你計畫靠裝可憐讓貪心的房東調降房租，一定要確定唯一能夠突破那個房東守財盔甲的罩門就是對走投無路之人的同情心，否則你可能得到的結果不是房租降低而是漲價，因為對方知道你總會想辦法挖出錢來，而且你沒有那個骨氣反抗漲價。如果房東知道打交道的對象意志堅定有自信，不會被嚇倒，而且會據理力爭而不是懷著惡意亂攻擊，那麼房東就比較可能會尊重對方的意願。裝可憐這招可以用，但是只能偶爾用，而且事先要經過大量評估。

最後要提醒大家的是，不要變成一個討厭鬼。我經過幾番思量才決定把本章的標題定為「有力量的生活」，並且明確說明了力量和強勢的定義。鬧脾氣、耍大牌、惹人厭、虛情假意這些都不是我所鼓吹的，因為這類做法只會推開你想要得到的幫助。當然，我支持在極端情況下有必要的時候不要害怕招人討厭，這個部分會在後面討論。各位只要記住，走過人生的每一步時，你可以不消極，不軟弱，而這正是本章最重要的功課。做一個有價值、自尊自重、做事有效的人，而不是一個跪求別人許可的犧牲者，認為其他每一個人都比自己更重要。

人們尊重有力量的人——雖然諷刺但卻是事實

如果你真的很想獲得尊重，好好看看那些非常善於贏得尊重的人，應該很快會得出一個結論：屈居弱勢無法贏得任何人的尊重，包括對自己的尊重。你必須摒除成見，停止擔心別人會因為你果斷表達自己的意見而討厭你。

曾經多次有家長向我吐露，在家中他們最欽佩的孩子，是那個始終無法成功馴服的孩子。家長可能很努力讓那個孩子聽話服從，但在另一方面不得不承認遇上一個叛逆份子，懲罰、賄賂、訴諸內疚感或其他種種辦法可能都試過，怎麼罵都沒用。

家長在諮商過程中傾訴教養家中叛逆兒的「鬼故事」時，我幾乎總是能從他們的敘述中察覺到一絲欽佩，但是如果直接問他們是否心中藏有一份尊敬，回答幾乎總是一樣的：「大概是吧，我想我是尊敬那個孩子……我一直希望自己也有那種膽識。」

差不多所有家庭都有「不受管教」的份子，整個家族常會齊心協力督促叛逆分子跟從大家，但是對於叛逆分子拒絕自動變成和大家一樣，心中油然而生的絲絲欽敬之情卻無法撲滅。

當你起而捍衛自己的信念時，大可以安心不必顧忌其他人會怎麼想，因為假如辦個私下投票，你會發現幾乎所有人都在暗中支持你，敬佩你的強硬態度。人們對處於劣勢的人有特殊的情感連結，我們常會幫那些成功機會渺茫的人用力加油打氣。所以一個弔詭的現象是，不要把目標放在立即得到其他人的贊同，反而可能使你得到長遠的認可——不管怎麼說得到認同的感覺絕對好過被否定。值得安慰的是，當你根據自己的信念行動而不是一味配合、迎合別人的期待，你最想要贏得認可的那些人反而更有可能對你生出敬重之心。

我的一個諮商案主凱西轉述了她如何學到這個教訓的第一手經驗：她預定參加一個研討會，並且事先註冊了席位，但是她抵達的時候講師卻告訴她，登記的人數超額，她必須改換去參加在另一棟大樓的另一場研討會。

凱西不肯屈服，雖然之前她不是這樣的人，但幾個月以來的諮商鼓勵她勇於說出自己的意見，承擔更多風險。她當著全體參加者的面跟講師對質，堅持加入這場會議。講師試圖用場面話來推託，用了一大堆「沒錯但是……」，她絲毫不為所動。最後講師讓步同意她留下，但請她不要跟註冊人員講，因為這違反了一大票規定，而這些限制是管理方獨斷設下的。

研討會進行幾個小時後，話題轉到凱西不肯就範的行為。她對我說她很擔心大家會認為她難搞、粗魯又霸道，硬是要擠進不歡迎她的地方。結果恰好相反，幾乎所有成員都覺得她很棒，他們偷偷在心裡幫她加油，想要向她學習如何在生活中跟她一樣承擔風險拒當犧牲者。

講述這起事件時，凱西瞪大了眼一副不敢置信的模樣。她說：「你能想像嗎，人們竟然向我尋求幫助——我一直認為自己膽小怕事呢！」

劇作家蕭伯納（George Bernard Shaw）在《凡人與超人》（*Man and Superman*）這齣戲中總結

了承擔風險後內在得到力量和滿足的感受：

人生的真正歡樂是致力於一個自己認為**崇高的目標**……成為大自然的一股力量，而不是愁病交纏、狂熱自私的小肉體，只會抱怨這世界沒有盡力使你快樂。

說得好，當你認為自己有足夠能耐以自己的方式立足於世，內心的感覺用「崇高的目標」來形容是最適切不過的了。

有力量的生活實戰範例

現在你知道了強勢行動的必要，知道人們會因為你的堅定有力而更敬重你，知道拴住你的恐懼其實是自己作繭自縛，也知道你需要鼓起勇氣關掉自我挫敗的報酬迴路，不再唯唯諾諾看人臉色。別忘了，勇氣不是一朝生成便終生擁有，而是在每一次面對挑戰時必須做出的選擇。

下面列出的一些技巧與策略，將能幫助你在所有人都會遇到的典型「犧牲者情境」中，秉持力量和信心做出應對。

• 從這一刻起，試著停止自動徵求別人許可才敢開口說話、思考或行動。不要求人，改為宣告。例如把「你會不會介意我問你一個問題呢？」改成「我想知道……」把「不知道我可不可以拿這個退貨還錢呢？」改成「我要退貨，因為品質很糟。」把「親愛的，我出門一個小時可以不可以呢？」改成「我要出門了，親愛的，有什麼要我幫你做的嗎？」只有奴隸和囚犯才需要事事徵求許可，而我在前面一開頭就說過了，世上根本沒有「適應良好的奴隸」。

• 直視跟你對話的人的眼睛。視線往下或往旁邊看，送出的訊號是對自己沒有把握，請大家盡量來坑我這個冤大頭。直視對方說話，就算你很緊張，依然傳達出你並不怕正面交鋒的訊息。

• 姿勢和身體語言應該也要流露出自信和力量，站的時候盡量站直，坐的時候不彎腰駝背。不要用手遮擋臉部，或因為緊張而緊抓自己。自信地思考，就能消除情不自禁的抽動，不會做出怪表情，甚至能避免臉紅。語調要堅定，不要刻意壓低音量或氣虛無力。

• 注意自己講話的方式和內容，特別要注意避免無意義的停頓和大量的語助詞如「嗯哼」、「嗯…」、「你知道的」。這類習慣等於大聲宣告你內心的不安，會扼殺有效的溝通。必要時記得放慢說話速度，想清楚了再說。一旦下定決心去注意，幾乎在一夜之間你就能改變軟弱的說話習慣。

• 如果有人向你借貸，無論是借錢、借東西、借時間或借用你的才能，而你並不想出借，你必須準備好做出強勢的回應，否則就是現成的犧牲者。你可以練習對自己說：「我不想借」或「不要，我真的不想當債主」。不用編造一堆天花亂墜的藉口，也不必閃爍其詞，結果到最後還是心不甘情不願的答應借人然後覺得自己被坑了。直接了當說出你打算怎麼做，你會發現 (1) 之後不再受到騷擾，因為你從一開始就清楚表明立場；(2) 到頭來你的親戚和朋友很可能因為你的直率而更加敬重你。如果你擔心朋友會討厭你，只因為你行使了正當權利不去做你不想做的事，你可以問問自己：「我真的要跟那些不准我做自己的人當朋友嗎？」真正的朋友不會堅持要你做出不喜歡的選擇，但是寄生蟲會因為你不肯捨身餵食而討厭你。在這類例子中「可能發生最糟糕的事」就是想要利用你的人會因此而不喜歡你，之後很可能會疏遠你，這難道不是一件好事嗎？當然，如果你不介意出借，儘管借人沒問題，只要借得有效就好。

• 對那些你習慣用頭銜稱呼的人，試著直接叫他們的名字：牙醫、醫生、律師等等，試一次看看直接叫名字會有什麼結果，然後想想看以前害怕這樣做有什麼根據？如果考慮之後你還是決定不用名字稱呼對方，也要在心裡知道（既然你已經成功做過一次）你永遠可以選擇要怎麼做。如果你感到焦慮不安，甚至根本叫不出口，應該要好好檢視找出原因，為什麼用對方的名字去稱呼另一個人這麼簡單的事會讓你感到如此困窘？然後想辦法克服恐懼試著喊出口，很有可能你會發現這個舉動讓你產生新的信心而感覺很好，而且你想像中的災難一個也沒發生。

• 如果你不抽菸也受不了菸味，那麼在其他人抽菸造成你困擾的時候，鼓起勇氣說出口吧。不必凶狠強硬，只要堅定有力地告訴對方：「如果你暫時不抽菸的話我會很感激。」你並不是在徵求抽菸者的許可，只是在說出你想要的東西。如果對方拒絕，在某些情況下他們確實有權拒絕，那麼你可以自己決定起身離開。無論如何你都不必坐在原地讓自己內外都冒煙。可能發生最糟糕的事是什麼？不過就是抽菸的人繼續抽，這是他本來就已經在做的事。但十次有九次抽菸者會尊重你的要求，只有非常少數人在知道你的感受以後還會旁若無人繼續抽。真的很想抽菸的人通常可以也願意花幾分鐘去別的地方把菸抽完再回來。

• 學習有效運用憤怒或受傷的感覺，而不是成為情緒的犧牲者。如果小孩堅持在馬路上玩耍，為了讓他清楚知道這種行為不被允許，你大可以提高音量、做出生氣強調的樣子，但你心裡要明白這些是為了達成目標。如果離開現場的時候你的心跳加快、血壓飆升、內心充滿憤怒，那麼你就是因為一個不懂事的孩子做出的行為而變成了犧牲者。你可以換個方式，用堅定的態度表明立場，結束以後對自己說：「嘿，我很棒，我確實讓他知道我是認真的，而且我一點也不會因此而不愉快。」採取有力量的行動，就能讓你避免胃潰瘍、高血壓、狂怒、焦慮等惡果，只要記得善用技巧達到你想要的結果。

・與喪葬業者接洽時，別讓他們利用你的悲痛占便宜。坦率地說出你想要什麼、預算多少，如果他們使用內疚攻勢，你就走出去，告訴他們等他們願意聽你說話的時候再談。

對付那些把你說的話當耳邊風的人，最有效的戰術就是不要跟他們談，走開拉出一小段距離。等他們追過來道歉，你可以告訴他們，你不會浪費時間跟拒絕理解你想法的人談下去。

聽到你說的話以後提出完全相反的建議，這是加害者的大絕招。但是你根本不用接招，退出戰局就是用行動給對方紮紮實實上了一課，遠勝過無意義的對談。

・不要害怕越級上報。用成績威脅你的教授、用複雜難懂的法律條文刁難你的稅務稽查員、仗著公司規模大而作威作福的員工，諸如此類的人都有頂頭上司，只要一通電話，或是寄封文辭並茂的掛號信給校長、總裁或哪位主管，就可以有效解決受到有權勢者威逼的問題。和那些必須對上司負責的人打交道占下風的時候，讓他們清楚知道你會毫不猶豫越級上報任何不當情事。當然啦，之後如果真有必要上報，你必須堅持做到底。

• 和有可能成為加害者的人來往時，盡量喜怒不形於色，絕對不要讓對方知道你感覺焦慮、害怕或憂心忡忡。永遠別忘了，你身為一個人的價值與幸福，與你在任何一場衝突當中最後是凱旋或敗北無關。遇到「拚輸贏」的情境時，盡量當成可以樂在其中的遊戲或競賽，而不是不停對自己說：「這對我很重要」。下定決心採取有效的行動，做好計畫再投入戰局，隨時注意不要露出膽怯害怕的徵兆。一旦對手知道你把這局輸贏看得很重要，因此而惶惶不安，就有可能把你逼到說出原本不想說的話，甚至做出不理性的行為。最好是散發出堅毅的氣息，讓別人想都不敢想能夠藉由他們的行為操控你的情緒。你瞧，當你開始練習不讓其他人控制你的情緒，就會逐漸拿回主控權，然後就更能做自己，活得更從容自在，得到更多勝利。

• 應徵工作或面試的時候，千萬別說：「我不太確定是不是能做得來這個」或「我從來沒受過這方面的訓練，但是我想我可以學」，或其他類似的話。你大可以對自己同時也對面試官說，你能學會做任何事，因為經過那麼多不同情境的考驗，你知道自己夠靈活，足以勝任這份工作。熱情宣揚自己的能力和資格，不要害羞，大方讓面試官知道你學東西很快就能上手。有些面試官不喜歡太強勢的人，可能會被你的自信嚇到，但通常你可以快速察覺面試官的喜好；絕大多數的面試官會欣賞你的自信，認為這是對公司極為有益的人格特質。要是你真遇上一個軟骨頭面試官，那就向公司總裁投訴，要求換個面試官再試一次。這種不屈不撓的精神使你成功的次數絕對遠超過失敗的次數。

• 不必害怕談論個人的看法或私事。如果你擔心有人利用你的「私人資訊」傷害你，想一想這樣的擔憂有什麼根據呢？這類恐懼百分之九十九是無中生有。比起劃出無數敏感的地雷禁區怕別人觸及，能夠自由表達意見並且幾乎不會因為談到任何主題而變臉的人，明顯更加堅強有力。你當然不必透露私底下的性幻想或是把所有祕密和盤托出，但你確實可以打消懷疑的念頭，別人不會因為發現你實際上是個什麼樣的人就封殺你。

不要隱瞞自我，想要與人分享的時候就分享，大方說出自己的想法和事實，甩開「洩漏自己的事情很危險」的念頭。不想吐露是一回事，但是害怕吐露則是另一回事。你會發現練習質疑自己「不想談自己的事」的千百種理由，能夠促進心理健康。就算你這一輩子都很害羞、愛哭、容易受驚嚇、富侵略性或有其他毛病，那又怎麼樣？人家能夠怎樣用這個資訊傷害你？你給出的幾乎每一個理由結果都只是在腦內小劇場上演的災難。老闆會因此開除你嗎？不太可能。就算真的被開除，還是可以找別的工作。人們會散播關於你的謠言嗎？應該不會；就算真的會，你又何必把別人的話奉為人生圭臬？不管你喜不喜歡，或者從來沒說過半個字，謠言還是止不住，所以何必為了怕人說閒話而壓抑自己？

- 如果疑心收你錢提供服務的人可能占你便宜，答應的事卻沒做到，例如修車偷工減料，那就留下來看著他們做——前提是不會因此而浪費太多時間，導致受害更深。

請維修人員提供證據，讓你看到他們做了說好要做的事，如果有人要你事先簽空白的同意書，絕對不要傻傻同意任對方開價。修車或保養時預先告知你不要換新的濾油器，否則保證不管有沒有需要都會給你換上一個新的。覺得收費有問題的時候，一定要問個清楚。在餐廳遇到服務生算錯多收錢，如果你感覺不完全是意外事件，那就上報管理階層，也不要給那個服務生小費。服務生**總是**會拼命道歉，宣稱算錯錢是無心之過，但無論是因為能力不足而出錯，或是蓄意敲詐，你都有權拒絕獎賞這種行為。

養成習慣檢查每一張發票和收據，如果發現金額有誤，要明確告知該公司你有什麼感受，拒絕和那些你覺得不老實的人做生意，並且向消費者保護會提出正式投訴，只要花二分鐘打個電話或線上申訴，就能協助遏止此類行為。你可能認為超收費用的情況很罕見，而且通常不是故意的，但我的經驗卻是餐廳帳單頻繁出錯，而且其中大約九成「碰巧」是多收費，顯然不符合統計機率法則。當你碰上這種情況時，馬上找經理，如果你想要杜絕這種惡習，那就追究到底；如果沒打算追究到底，那就簡單讓管理人員知道你不會付錢，也不會再來光顧。

・訂購家具或車子這類商品時，如果業務員跟你說要等超久才能拿到貨，別讓自己成為犧牲者，輕易接受業務員認定你就是得等到他方便的時間，或是相信對方說的「沒有別人能在更短時間內幫你弄到貨」。假如你想要或者近期內需要用到車，可以去別的汽車經銷商詢問，如果有必要甚至可以去外縣市詢問。告訴那些慢吞吞的業務員你不想等那麼久，直接找管理階層談，不必跟小業務糾纏。讓管理人員知道，如果別家能早點出貨，你會跟別家買。也可以跟大盤商甚至製造商談，看看能不能為你加速提供服務。絕對不要預先付款，不管簽什麼合約都要確定保障條款，如果銷售方沒有確實履約，要能保障你拿回最低限度的訂金。不必吹毛求疵為難人，只要態度堅定有力，別讓自己成為另一個犧牲者，自我安慰說著：「喔，只要等二個半月。我想這也是沒辦法的事，雖然我是很想早點拿到啦。」

我有一個當事人想要買車，紐約的車商跟他說要等二個月，他就打電話給密西根州的車商，對方說四天就能交車，而且還比紐約的價格便宜三百美元（約合台幣九千元）。於是他花十二個小時開過去領車，享受了一趟愉快的旅程還省了買新車的錢。

只要你不預期當個犧牲者，拒絕接受成為犧牲者，幾乎任何情境都能逆轉得勝。

・立定原則，不好的品質或服務就不要付錢。如果在餐廳吃到的沙拉味道像草，或是點的派太乾，你就大方指出來，並且要求扣除這部分的錢。如果服務生或收銀員有可疑之處，冷靜地去找「非職員」處理，你會發現自己不再成為犧牲者。

如果明明沒有買的東西卻收到帳單，或是帳單浮報價格，那就拒絕付錢，別被催款信或「信用評等會降低」之類的說詞嚇到，只要你不允許，外面沒人有辦法傷害你的，而拒絕付錢購買有瑕疵的產品和服務正是一個有效的方法，讓你不會被蓋上冤大頭的戳記。

本章重點整理

要過有力量的生活，首先要完全信賴自己，學會自立，不把其他人奉為必須遵從的權威。如果你完全仰賴別人幫你安排人生做決定，就是在求別人來占你便宜。掌握或自己創造機會，而不是等待成功從天而降，追求實現目標但不要把結果看得太重而情緒大起大落，然後你會發現自己在不知不覺間已經搭上了非犧牲者的列車。本章用一句話總結就是：「付了錢就要確定樂手演奏的是你指定的曲子。」

第3章 過去或無法改變的事，就讓它過去

總是沿用同樣的方式做事，不可能得到成長與進步。

加害者反覆使用的一個大絕招，就是故意講那些你無能為力的事，或是已經成為歷史的行為與事件。為了避免落入翻舊帳的犧牲者陷阱，你要學會拒絕被捲入這類討論，留神觀察其他人如何扯開話題，藉著抱怨你不可能改變的過去的事，使你處於只能挨打的局面；你要學會不隨之起舞，不被這種毫無邏輯的攻擊綁架。

我一直主張人類能夠從動物身上學到很多，同時保持人格不至於像動物那樣受限於理智而純粹憑本能行動。惠特曼（Walt Whitman）在《草葉集》（*Leaves of Grass*）深刻寫出了他對動物的愛：

> 我想我可以回轉去，與動物為伍，

動物是如此恬靜溫和、默默無言
我佇立著久久凝望
動物們不為自己的處境憂慮煩惱、哀訴悲嗥
不會躺在黑暗中無法入眠，為自己的罪孽流淚
不會談論對上帝的義務使我作嘔
沒有誰感覺不滿足，沒有誰因為強烈的佔有欲而發狂瘋癲
沒有誰向另一個屈膝下跪，或是向千年前的祖宗頂禮膜拜
在整個大地上沒有誰體面高貴或是痛苦不幸

不知為何動物無法緊盯著已經成為過去式的事，雖然因此而被剝奪了一些美好的回憶，但也因此而受惠，不會陷入不必要的沉思與責怪，只活在當下。為了從犧牲者名單上除名，你必須向動物取經，開始執行全套方案：(1) 了解並提醒自己哪些事情是你無法改變的；(2) 認識其他人會如何用過去的事陷害你；(3) 體察到你自己如何用過去的事害自己；(4) 當你發現自己或其他人做出加害的行為時，採取有效的策略避免成為犧牲者。

你無法改變的事

說起你沒辦法改變的事，最顯而易見的一個例子就是你過去做出的行為。你曾經做過的每一件事都已經過去，當然你可以從中學習，有時候還能改變這些行為延續到現在的結果，但是已經做了的事情就是做了，無法變成沒做。因此當你發現自己與人爭執過去哪件事該做或不該做，而不是討論如何從過去的錯誤汲取教訓、**現在**可以做什麼，那你就是落入了無法逃脫的陷阱，變成犧牲者。無止盡的反芻思考，回想這件事或那件事哪裡做得不妥、應該怎麼做才對，或是為了沒有怎麼做而懊惱，這些都是你可以改變的犧牲者反應。人只能活在現在這一刻，為了過往之事傷神完全沒有道理，是對自我的否定。

除了無法改變自己的過往，還有很多其他無法改變的事，所以為這些事情而煩惱，從邏輯上來看一點用也沒有。你可以學著接受這些無可避免的事，或是繼續為了這些事心亂如麻。下面列出了一些你應該明確體認是無計可施的事，包括：

- 天氣。看起來像是廢話，誰都知道天氣沒辦法改變，但你可以問問自己，有多少次你因為氣溫過高或過低、颳風、下雨、颱風或其他天氣狀況而壞了心情？這完全是你自己害自己。

當然你不必假裝喜歡惡劣的天氣，但你可以做到的是，不要讓天氣影響你的行為，最好連一丁點也不被影響。

• 時間過太快或太慢。時間永遠用同樣的速度往前走，才不管你的意願。每一天都有二十四個小時，你可以不停抱怨時間好像過太快或太慢，唯一得到的結果就是你會因為你的煩惱又變老了一點。

• 稅金。你儘管為了高額稅金抱頭苦惱，唯一的回報就是徒增白髮與壓力。稅金總是要繳的，更進一步說，你永遠會覺得稅金太高。你可以想辦法盡量節稅，或是投票支持減稅的議員，或其他實際的行動，就是不要自個兒生悶氣，這是最無用的了。

• 年齡。幾歲就是幾歲，沒辦法改變。誠然你可以改變外貌、心態、服裝，甚至感覺仍舊年輕，但真實的數字不會改變。老是抱怨自己變老了並無法改變任何事，只會讓你感覺更老、更疲憊，更是各種毛病上身。

• 別人對你的看法。再說一次，別人怎麼看你，完全取決於他們。不管你喜歡不喜歡，人們往往只相信自己想要相信的，你可以做到的是盡力待人如己，或是好好講道理，但不必為了改變別人的看法而犧牲妥協。既然無法控制別人到最後怎麼看你，那麼你當然沒有理由為了別人的觀點而傷心難過，除非你認為別人對你的看法比你內心認同的自我形象更重要。

• **過去的事件**。為了過去的結果痛苦煩惱，不管是選舉、戰爭、爭吵、自然災害或其他事件，只是在作繭自縛。社會上現存的大規模陋習也是如此，可以視為「進行中的戰爭」。不管你多麼不想承認，人就是一種具有侵略性的生物，因為不信任理智的力量，所以用戰爭作為建立威權的一種手段。人們總是在互相鬥爭，今日地球上任何一個角落若持續出現鬥爭，都不是什麼令人訝異的事。當然你**不必**加入**任何**戰爭，你可以盡己所能消彌戰爭的毒害，但若是為了其他人選擇爭鬥而痛苦煩惱、不開心，那就是自己害自己。感覺內疚或悲傷並無法阻止戰爭、瘟疫、飢荒等等，不如反省為什麼要選擇讓自己沉溺在這種無濟於事的情緒中耍廢。

• **身高體格**。你看到的大多是天生的樣貌，抱怨自己的體型、身高、耳朵、腳趾、胸部、生殖器大小等，只是自尋煩惱，自討苦吃。正如同你可以選擇改變能改變的部分，像是減重、練肌肉，你也可以選擇喜愛上天賦予你的樣子。對於你不能改變的部分，最好學著愛上這些部分，而且要很愛很愛！

• **其他人生病**。你認識和喜愛的人會生病，如果因為這些人生病而消沉，那你就是讓自己成為犧牲者，而且也會增加自己生病的機會，和你愛的人一起倒下。你可以盡力幫助他們，想要陪伴他們的話就盡量陪伴，安慰他們，但是不要在心裡面想一些像是：「這不應該發生」或「我承受不了看她這個樣子」之類的念頭。你的堅強將成為其他人的典範，甚至鼓舞他們想要康復。陰鬱的態度則會使相關的每一個人受到傷害，尤其是你自己。

• 死亡。或許有些人不願意承認，但是沒人能夠活著離開這個塵世。生命其實就是一場通往死亡的絕症。我們把死亡神祕化了，認為面對死亡應該要害怕、詛咒，當死亡降臨我們所愛之人或接近我們自身之時，應該感到悲傷，儘管這是必然發生的事。其實對死亡的這種病態心理大半來自文化薰陶與學習，你可以改變自己的態度，轉換為接受現實。記住文學大師強納森・史威夫特（Jonathan Swift）對死亡的描寫：

> 死亡是如此自然、如此必然、如此眾生皆然，在上帝的設計中，不可能是為了禍害人類才造出死亡。

• 自然的樣貌。十九歲的珍妮佛唉唉叫：「我不喜歡這次在沙灘上的野餐，到處都是沙！」沙灘有沙是很正常的，就像石頭是硬的，海水是鹹的，河水會流動。你必須接受自然的事物，撞上現實的鐵板時不要滿腹牢騷，否則你永遠只能當個犧牲者。每一次當你發現自己在抱怨某樣自然的東西時，不如乾脆許願搬去天王星住好了。

無法改變的事情數也數不完，我的介紹就到此打住吧。致力於為改變這個世界奉獻一份心力固然值得欽佩，但要慎選戰場，不要自己害自己，誤判形勢，為了永遠不可能改變的事情沮喪傷心。愛默生一八四一年的散文〈論謹慎〉（*Prudence*）用短短二句話點明了我在本段反覆強調的東西：

> 不管怎麼樣，夏天就是有蒼蠅。走進樹林就難免餵蚊子。過了快要二百年後的現在，夏天依然有蒼蠅，樹林依舊有蚊子。

「你本來應該」的犧牲者陷阱

如果有人對你說：「你本來應該怎樣怎樣」，你一定要提高警覺以免被害。「本來應該」無法改變你曾經做過的任何事，但可以用來逼你承認你錯了，還可以避免討論現在可以怎麼做。

只要潛在的加害者把談話聚焦在你過去的行為，可以肯定的是你將無法得到現在想要達到的結果。

讓我用實例來說明這個犧牲者陷阱的運作方式：

亞瑟在星期五下午搬進新家，打電話給電力公司要求供電，接電話的職員回答：「你本來應該在星期三打電話給我們，現在已經太遲沒辦法了。」

如果亞瑟允許自己被牽著鼻子走，他就成了不折不扣的犧牲者，而這完全是不合理的，他怎麼可能知道電力公司的規定是要在二天以前提出供電申請，而且他也不可能回到星期三去打電話，所以告訴他「本來應該」怎麼樣是既荒唐又無用的。幸好亞瑟早就聽這套說法聽到爛了，他認出了陷阱，知道只要由正確的人下令，電力公司**可以**當天供電，所以他沒有讓接電話的職員把他擋下，而是要求找主管談。對主管詳細解釋以後，亞瑟的家當天傍晚就有電了，儘管那個接電話的職員向他保證「這是不可能的」。

「你本來應該」這招起手勢幾乎每天的每一分鐘都在使用，尤其是在全世界的辦公室內被那些為了圖自己方便而想要綁住你手腳的人使用。這一招能夠生效，是因為潛在的犧牲者沒有看出陷阱，被這麼一說就覺得抱歉或理虧，因此被困住。反正大部分人很願意流連於往事，正好讓加害者得逞，把焦點轉向甚至根本不曾發生過的行為。用上「你本來應該」這一招的時候，通常是為了讓你感到不快以達成他們自己的目標，而不是為了幫助你從過往的錯誤中學習，或是好心提醒你不知道的事。一旦他們成功讓你感覺自己很笨或都是你的錯，就很容易讓你相信他們不可能幫上你的忙，你就會乖乖接受他們的說詞：「對不起，但是現在我沒有別的辦法。你本來應該……」。如果你信了這一套而打退堂鼓，就成了一個聽話配合的犧牲者，因為沒有辨識出這個精巧的陷阱（雖然可能不是有意設下的陷阱）而受害。要懲罰那些下意識同意自己應該被懲罰的人總是比較容易，而「你本來應該」就是用來讓你產生這樣的想法。

「你本來應該」也被反覆用在小孩身上，讓他們感到慚愧進而守規矩。「你應該今天早上跟我說的，丹尼斯，說你想要在地下室造兔子籠。現在已經太遲了，因為我剛剛才打掃完地下室，我希望短時間內能保持整潔。」丹尼斯知道他又沒有魔法，不可能預測到爸爸什麼時候打掃地下室，所以爸爸說「你應該早上說的」根本沒有道理，但是他沒辦法據理力爭，因為如果他試圖用邏輯說服父親，父親只會發怒或是用力量壓制他，使他受到更大的傷害。

避免落入「你本來應該」陷阱的唯一策略，就是拒絕參與這套機制，聚焦於現在實際合理可行的事。如果有人對你說：「你本來應該怎樣怎樣」，你可以回答：「你是要我回到過去做你說應該做的事嗎？還是我們可以來談談什麼是現在真的能做到的？」萬一你遇到像亞瑟碰到的職員那樣說不聽的人，必須找上級談的時候，不妨先發制人，用下面的說法阻止上級對你使出同樣的招數：「我想要今天供電（或其他任何事），但是你們的職員卻只肯談昨天（或上個星期、去年）該怎麼樣。」

聚焦於過去的其他常見花招

著名的英國詩人拜倫（George Noel Gordon, Lord Byron）曾經寫道：「沒有任何指針，能為我敲響時鐘上已過去的鐘點。」然而這正是那些想要禍害你的人嘗試去做的事，他們用盡手段把注意力放在過去的行為，前面提到的「你本來應該」陷阱只是其中最常見也最強有力的一種。下面列出了七種聚焦於過去的典型句子，當這些句子出現的時候，幾乎總是用來逼人乖乖就範，變成聽話的犧牲者接受「懲罰」。

- **「你為什麼那樣做？」**

要求你詳細解釋過去的行為或說明理由，可以有效避免談話焦點轉移到現在，而唯有現在才可能做出改善。不管你怎麼回答，大致上得到的回應不外乎是輕蔑嘲笑與責難，然後提出新的要求，要你更進一步為自己辯解。小心「為什麼」這個具有魔力的字眼會讓你節節敗退。

- **「要是你有先問過我就好了。」**

如果你先請教過那個人，或許事情真的有可能變更好，但同樣有可能結果根本沒差，因為那個人說不定當時還不知道他現在知道的事，他現在大談當時應該怎麼做很可能只是事後之明，只是藉機打壓你好抬高自己。此外，不管怎麼說現在也不可能回到當時去問他的意見，所以他若想要幫你就不該這樣說，這句常被大家掛在嘴邊的話只會讓你感到愧疚——或許這麼一來你就會任他宰割，因為他已經「證明」這是你活該。

- **「但是我們一向都是這樣做的啊！」**

這一招的厲害之處，在於暗示你任何時候只要偏離了以往「公認」的行為，就應該感到羞愧，承認你不只侵害了他人的權益，也損及自己的權益。（**你有什麼資格做出改變？**）一旦讓你承認你不應該做任何以前沒做過的事，那麼所有新的行動都毫無疑問應該被砍掉，不是嗎？

- **「你以前這樣說過，現在怎麼可以不算數呢？」**

這是無限上綱的邏輯，意味著別人可以為了滿足自己的目標而緊咬住你說過的每一個字不放，即使已經過了幾十年，即使你已經變了、環境已經變了，甚至整個世界天翻地覆，你說過的話都得算數。如果你的行為違背了曾經說過的話，那你就是不道德、沒良心、卑鄙、大壞蛋，這些大帽子等著你選，或者你還可以想到別的罪名，歡迎自己填入。如果可以讓你覺得改變是錯的，那就很有可能使你回復以前的做法，照你原本說的做，即使現在你已經不這麼想了——這樣的結果當然是加害者所樂見的，而且會使他們非常高興！

- **「要是我沒那麼做就好了。」**

這是一種神經質的自省，因為不斷審判過去的錯誤而傷害了此刻的自己，你是在為了過去做某件事的方式而咒罵自己。相反的念頭「要是我做了那件事就好了」也是在自己害自己，同樣愚蠢。明擺著的事實是，現在不可能做任何事改變當時的做法，在腦袋裡再怎麼翻來覆去地想也無濟於事，只不過是浪費此刻的時光。

- **「哎呀，我們昨天才遇過跟你類似的狀況。」**

這一套是維修工常用的把戲，告訴你類似的案子是怎麼樣的，誘使你同意他們的做法，不管他們丟什麼垃圾給你，你都應該接受，因為「就在昨天」他們讓另一個冤大頭吃下了這一套。

- **「這是誰的錯？」**

追究事情出錯的每一步，追究牽涉的每一個人的責任，這樣一來就可以把焦點從「怎麼做才是有幫助的」移開。除非是為了計算賠償金額，否則已經結束的事情還繼續挑錯只是在浪費時間。就算斷定出「賀比該負四成責任、麥可三成五，剩下的二成五是其他四個人的錯」，那又怎樣？停留在挑錯模式，就是把大好光陰花在分配錯誤的責任，挑起對已經結束的事情的愧疚感。

下面是同樣的七句話，以及同樣的情境非加害者可能會怎麼說。

加害者會說	非加害者會說
你為什麼那樣做？	你那樣做之後學到了什麼？
要是你有先問過我就好了。	以後你可能先問過我比較好。
但是我們一向都是這樣做的啊！	你變了，我很難接受。
你以前這樣說過，現在怎麼可以不算數呢？	你讓我以為事情是另外的樣子，這讓我很不愉快。
要是我沒那麼做就好了。	我現在知道哪裡錯了，以後不會再犯。
哎呀，我們昨天才遇過跟你類似的狀況。	我能怎麼幫你呢？
這是誰的錯？	我們要怎麼樣避免以後再發生這種事？

你的親屬會用類似上面的句子逼你成為他們想要你成為的樣子，家人會用這些句子合理化將要施予的懲罰，或是用來阻止叛逆分子走偏得太遠。想要讓你二話不說就付錢的商人會用上這些花招，那些靠公司吃飯想要阻止你為了達成目標而損及公司利益的職員和接待員也是如此。加害者用這些戰術繞過合理的邏輯，閃開此時此刻，威嚇、操弄你，最後得到勝利。當你跟任何人打交道的時候，一聽到往事被拿出來說，你可以問問自己這是不是加害者的伎倆，準備好見招拆招。這裡有個範例：

多年前山姆電話下單買進地方政府債券，業務員承諾在某個日子寄到，結果卻遲了一個星期，於是山姆拒絕簽收。損失了一大筆佣金的業務員打電話試圖告訴山姆不行這樣做，因為山姆**本來應該**在單據沒有準時寄達的時候打電話給他，所以山姆只能收下遲來的債券。業務員重覆一直說：「你為什麼沒打電話給我？」

山姆的回答是：「你認為我應該做出解釋嗎？你真的覺得那是**我的**責任，明明是**你**遲到卻是我應該打電話給你？」

於是業務員放棄掙扎，自己收下了那些債券。

沉溺於過去就是自己害自己

其他人當然很樂意用提到往事的方式來操控你照他們的意思做，但你自己也可能在這方面害自己不淺。或許你和其他很多人一樣，堅守已不再適宜的過往信念過著現今的日子。可能你感覺被過去困住，但卻不願意放手重新開始。

喬安是一個來找我諮商的當事人，因為她總是緊張兮兮、容易焦慮，她說自己沒有一天能夠完全不感覺到緊張，還提到她總是責怪父母使她度過不快樂的童年。「他們不肯讓我有絲毫自由，總是監督我的一舉一動。是他們使我成為今天這種神經兮兮的慘樣。」儘管喬安已經五十一歲，雙親皆已過世，她還是這樣哀嘆，還是執著於三十五年前發生的事，所以諮商會談主要目標就是幫助她從她無法改變的往事中解放自我。

喬安痛恨父母做了他們認為是對的事情，經過檢視之後她體認到這種痛恨毫無益處，她學會把這些本就屬於過去的經驗留在過去，很快停止了對逝世的雙親自我挫敗式的責怪。她了解到早在剛踏入青春期的時候她已做出選擇，允許父母的過度保護使她心煩，倘若當時她更勇於表達自己的意見，就不至於受害這麼深。她開始相信自己有**做選擇**的力量，一直以來是她自己選擇過得悲慘，延續這種習慣無異於自我毀滅。喬安永遠不可能改變過去，斬斷與過去的痛苦連結之後，喬安真真切切從焦慮中解脫了。

你可以檢視一下你的過去對人生造成什麼影響，確認自己沒有緊抓著無益的信念不放手，沒有認為自己今日的感受或所作所為，或甚至沒做好的地方，都要歸咎於其他人。如果發現自己把眼前的困難歸咎於父母、祖父母、時局艱困或其他任何理由，你可以在心裡面想一想：「如果我今天的樣子是我的過去的錯，那麼由於過去無法改變，所以我註定一輩子要這樣子。」這是你想要的嗎？今天永遠是嶄新的經驗，你可以決定把你記得關於過去的不愉快的事情全部拋在腦後，過好**這一刻**，留下愉快的記憶。

關於父母，最簡單的事實是：**他們的行動是根據他們的所知，就這樣**。如果你的父親是個酒鬼，或是在你出生沒多久就拋棄你；如果你的母親過度保護或漠不關心，這些都是因為當時他們就是那個樣子。不論在你年少時發生過什麼不幸的事，不肯放手只會更加深你內心的創傷。小孩子通常能適應各種環境（除非太過誇張），他們不會整天哭哭啼啼或自傷身世，為了父母親是這樣或那樣的人而難過。大致上他們就是接受現況，接受他們的家庭、父母的態度等等，就像接受天氣一樣，然後繼續過日子。他們的腦袋裡裝滿了對宇宙的好奇，發揮創意找樂子，甚至在其他人會描述為悲慘的情境中照樣活得好好的。然而在西方文化中，成人時常把過去拿出來反反覆覆分析，回憶可怕的受虐經驗，其中很多根本從來不曾真的發生過。

如果我的當事人很堅持要從過去找出為什麼今日會有這些行為的原因，我會叫他們從類似下面的列表中挑出二、三個中意的解釋，在有需要的時候用這些解釋自我開脫，然後往前看，為今天做出新的選擇。以下是一些最常見的來自過去的理由，人們常用來解釋為什麼他們會是今天的模樣，很多人花了大把時間和金錢從事挖掘過去的心理治療，然後得到以下其中一些結論：

我的父母不負責任。

我的父母管太多。

我的母親對我過度保護。

我的母親對我不夠保護。

我的父親遺棄了我。

我的父親太嚴厲。

大家幫我把每件事做得好好的。
沒人幫我做任何事。

我是家中獨子。
我是老大，下面有＿＿個兄弟姊妹。
我是老么，上面有＿＿個兄弟姊妹。
我是夾在中間的孩子。

日子真的很難過。
日子太輕鬆了。

我住在貧民窟。

我住在豪宅裡（或是房子太大、太漂亮等等）。

我沒有自由。

我有太多自由。

我們家太虔誠了。

我家沒有宗教信仰。

沒人肯聽我說話。

我毫無隱私。

我的兄弟姊妹討厭我。

我是養子。

我們住的那一區沒有其他小孩。

（族繁不及備載。）

不論你選了哪些理由，別忘了任何人的過去都沒有所謂「真正的解釋」，想要找出過往經歷的真正意義只是一種迷思。治療師頂多只能憑直覺給你指引，如果你相信那些直覺是真的，將能促進自我了解。真相並不是藏在直覺裡，而是因為你認同治療師的猜測，相信那是正確的、有幫助的。我同意，藉由檢視過去能夠更透徹認識自己，但是這種洞察本身無法改變過去或現在，把今日的現況歸罪於過去只會使你卡在原地。

很多偉大的思想家遺忘過去，只記住有幫助的體驗或經歷，完全活在當下，同時一隻眼睛瞅著怎麼樣讓未來變得更好。革新者絕不會說：「我們一向都是這麼做的，所以不能改變。」永遠不會這樣說。他們向過去學習，但不會活在過去。

莎士比亞在好幾齣戲裡提到沉溺於過去的愚蠢，他在《冬天的故事》中諄諄告誡：「對於已經過去而無能為力的事，悲傷也是沒用的」，另一齣戲《馬克白》的台詞又提醒我們：「無法挽回的事情，就該加以遺忘，事情做了就有如覆水難收。」

遺忘的藝術對生存之道極為重要。你小心翼翼收藏在腦袋裡的所有那些壞的回憶，根本不值得再次想起。自己的頭腦自己做主，你大可不必選擇把那些記憶保存在腦袋裡。丟掉那些愈想只會愈痛苦的回憶，最重要的是，放掉心中懷抱的責怪與仇恨，那些人做那些事只是因為當時他們只知道可以那樣做。如果你受到的對待真的非常惡劣，那就從中學習，立誓你絕不會那樣對待別人，然後在心中原諒那些人。無法原諒相當於選擇繼續受到傷害，只會使你受害更深。更進一步說，如果你無法遺忘並原諒，你將會是唯一的受害者，我要再次強調，**唯一一個**痛苦受害的人就是你。從這個角度看來，你為什麼要繼續緊抓著受害的過去不放呢？這樣做得到的結果只是讓自己繼續受害。

避免因過去而受害的對策

要躲開聚焦於過去的犧牲者陷阱，基本對策就是提高警覺，「睜大眼睛」看清楚危險區域，趕快繞開，連一根腳趾頭也不要踏進去。審度情勢之後，接下來要靠勇氣和果斷的行動助你平安度過。下面提供一些指導原則，協助你制止那些意圖把你拖進過去的泥沼無法脫身的人。

- 每當有人對你說事情總是這樣做的，或是提醒你其他人過去怎麼做，而且說這話的意圖是使你在現在受害，你可以試著反駁：「你想知道我對你現在說的話有沒有興趣聽嗎？」這樣就能阻止使你受害的情境發生。如果對方回答：「好啊，你說說看啊。」你就回答：「我沒興趣聽過去的事，我只想談現在可以做什麼。」

・如果你必須打交道的對象用上「你本來應該」、「就在上個星期」等招數，如此一來他們就不必聽你現在要說的話，那麼你可以走開一小段距離，創造一點「冷靜的空間」。你要用行動教育其他人，而不是用言語，所以你要**堅定展現**你不會談論已經過去的事，尤其是當那些事變成你現在應該當個犧牲者的理由時。

・努力避免在自己的言談中提到過去而使自己受害，如此也可以避免其他人用這些事打擊你。注意不要使用「你本來應該」、「你為什麼那樣做？」和其他此類開場白使你的親友受害。以身作則，己所不欲勿施於人，就不會被別人譏諷為「只許州官放火」。

・如果有人開始說「你本來應該怎樣怎樣」，你可以告訴他：「如果你能給我一張來回票，回到你說的那個時間，我會很樂意做你說我應該做的事。但是如果你做不到……」你的「對手」將會秒懂你夠聰明不會落入陷阱，那麼這場仗你已經贏了一半以上。或者你也可以說：「你說得對，我當時是應該那樣做。」一旦你同意了，那麼責任就落到「對手」身上，要在此刻的戰場與你對決。

- 有人問你為什麼用某種方式處理某事的話，盡可能**簡短**回答。如果對方繼續追打，說你的理由是錯的，你可以告訴他你同意或不同意他的話，**不過**你原本以為他要求的是**解釋**當時那樣做的理由，而不是**證明**當時那樣做是對的。有必要的話你還可以補充：「如果你不喜歡我的解釋，或許你可以告訴我，**你**認為我為什麼那樣做，我們可以來談談你的觀點，而不是我的觀點。」把話說白了，就能立刻讓其他人知道，你不會屈服於他們常用來迫害別人的計謀。
- 如果你感覺某人對你不爽，但對方又不肯直接說出當下的感受，而是用典型的「聚焦於過去」設下圈套意圖操控你，你必須逼他們面對真正的問題：「你現在真的對我很失望，不是嗎？」「哇，你比我以為的還要更不高興。」「你生氣是因為感覺我讓你失望了。」把焦點轉移到真正的問題上，也就是對方此刻不滿的情緒。這一招叫做「標明此刻的感受」，同時也能防堵其他人趁機加害於你。
- 在討論某件事的時候，倘若你感覺自己真的做錯了或是做得不妥當，不要害怕承認：「你說得對，下次我不會再那樣做。」只要說出你學到的教訓就是最有效的做法，不要被激起防衛心拼命為自己辯護，或是無限循環重新檢討整個過往。

・當你親近的人像是伴侶或密友開始老調重彈，挖出你知道對他而言很痛苦的往事，但你覺得這件事已經徹底談夠了，你可以試著把焦點放在對方的感覺，而不是被「你怎麼可以……？」或「你真不應該！」的老把戲拖著走。如果對方死纏爛打怪罪你，不要長篇大論回應，這樣只會把傷口割得更深，你可以用身體語言傳達你對他的感情：一個吻、輕撫肩膀、溫暖的微笑，然後稍微拉開一點距離。「示愛之後離開」是用你的行動告訴對方你和他同在，但你不會委屈自己配合演出，再重演第一百遍過去已經討論完畢的事，因為這只會造成傷害。

・宣誓你會從過去的經驗學習，而不是無止盡重蹈覆轍或談論不休。和那些你認為最常迫害你的人討論你的決心，定下從今以後你希望大家都明瞭的基本準則。「我們不要再為了已經過去的事互相嘮叨個沒完，我們應該在看到事情發生的時候，不帶惡意地向對方指出來。」你甚至可以和配偶或同樣親近的人想出一套暗號，例如拉一拉耳朵，用來提醒對方你感覺對方又要開始翻舊帳了。

・假如有人開始談起「美好的往日」或是他們年輕的時候怎樣怎樣，或諸如此類的話題，你可以回應：「其實呢，你活得比較久，只是有更長時間練習無效的做事方法，並且不斷強化這種方法，**還有**花更長的時間從經驗中學習教訓。所以你總是用某種方式做事並不足以成為我仿效你照著做的理由。」像這樣的簡單陳述，能讓潛在加害者知道你已經看破了他們的話術，你不會因為別人以前是怎麼樣過日子就全盤照收跟著做。

・不必費心去記憶什麼事是怎麼做的，好好享受現在發生的事就好。這樣你就不會把未來的時光全部用來回憶往事，而是可以專注於新的愉快體驗。倒不是回憶有什麼不好，只是相較於此時此刻的甜美，回憶只能靠邊站。看看美國作家弗朗西斯・杜里瓦奇（Francis Durivage）是怎麼說的：「我們被教導要記得，但為什麼沒被教導忘記？活著的人當中沒有一個不曾在生命中的某些時刻深刻體認到，記憶是一種祝福也是一種詛咒。」

・努力消除自己對無法改變的事情的抱怨，像是本章前面列出的那些事。每當你聽到自己在心裡或談話中習慣性冒出這類無用的抱怨，就趕快制止自己，直到你能夠停止在自己身上施用這些害自己的招數。有需要的話，可以每天記錄自己成功的經驗。

・默默原諒你認為曾經對不起你的每一個人，立誓不再繼續回憶壞事結果禍害自己，也不再抱持「暗中報復」這種只會傷害自己的念頭。如果可以的話，打電話或寫信給你拒絕聯絡的人，重新開始。只因為某人曾經犯過一、二次錯誤影響到你，你就念念不忘舊仇的話，只會抹煞你與人建立有益交流的許多潛在機會。誰不曾犯過錯？記住一件事，如果你到今天還因為他們過去的行為而沮喪，那就表示他們仍然控制著你。

・積極冒險，盡可能多在與人接觸時勇敢表達自己的意見。撥出時間告訴別人你此刻的感覺，有必要的時候解釋清楚你不會繼續為了無法改變的事情浪費唇舌。與人交往時你是要當一個冒險家，還是要當一個犧牲者？決定權完全在你。

本章重點整理

人的腦袋能夠儲存驚人的資料量，這在許多方面是種福氣，但也可能是種詛咒，我們可能抱著除了傷害我們以外別無益處的記憶到處跑。你是自己心智的主人，你絕對有能力把禍害自己的回憶趕出腦海。只要有決心，時時保持警覺，你也能使其他人停止禍害你。

第4章 不要和其他人比較

比較毫無意義，做自己最好。

十道檢驗題

開始閱讀本章內容之前，請先回答下面十個問題，檢驗自己的狀況。

是／否

□ □ 1. 你是不是常常希望自己能長得更像某個你認為很漂亮或很有魅力的人？

□ □ 2. 你是不是每次參加考試都很想知道其他人的成績怎麼樣？

□ □ 3. 你會用「普通」、「平凡」這類詞彙來形容自己嗎？

□ □ 4. 你會告誡你的小孩（或自己）不能做某些事，只因為其他人都沒做嗎？

□ □ 5. 你是不是盡量跟其他人一樣，好讓自己融入其中？

□ □ 6. 你會不會質問別人：「你為什麼不能跟其他人一樣呢？」

□ □ 7. 你會不會嫉妒別人的成就？

□ □ 8. 你會不會根據別人已經達到的成就來設定自己的目標？

□ □ 9. 如果有人告訴你：「每個人都受到這種對待，你也不例外」，你會不會因此而放棄自己的訴求？

□ □ 10. 你是不是一定要看到別人穿什麼再決定自己該穿什麼？你對自己的外表是否滿意？

以上任何一題回答是，就表示你是一個常見陷阱的犧牲者：藉由與其他人比較來決定自己要怎麼過日子。

人要有足夠的自信，才會有足夠的內部力量支持你相信自己的判斷，去做自己想做的事；如果自我評價低落，就只能依靠另一套標準，也就是和其他人比較，這套標準幾乎人人愛用，因為能夠有效使大家保持一致。為了跳出不斷四處比較的陷阱，你必須培養對自己的堅強信念

（只要你願意，每一分鐘都可以付諸實行），並且執行本章介紹的一些策略。但是首先你必須了解，你不可能同時又做自己又跟其他每一個人一樣。關於這一點，我見過寫得最好的是愛默生在《自立》的說明：

所以無論要做什麼樣的人，都絕不能做一個順民。想要獲得永恆的榮譽，就絕不能止步於表面的善舉，而是必須要弄清楚它到底是不是真正的善。歸根結柢，除了使你自己的心靈完善，其他任何神聖之物都不存在。

這段文字擲地有聲，但卻不是人人都能感同身受。大部分的人都是順民，因為從定義上來說，正是大部分人定出了順從的標準。

我並不鼓勵大家純粹為了唱反調而拒當順民，然而毫無疑問非常重要的一件事情是，你必須仔細觀察自己，察覺自身渴望達到的目標，並且體認到以比較為基礎的生活方式有多麼荒謬，才能避免這種禍害最嚴重的操控方式。那些想要讓你變成和他們一樣的人，或是想要你變成他們想要的樣子的人，將會一而再、再而三提醒你其他人是怎麼做的，給你具體的榜樣讓你跟著走。你要勇敢拒絕他們的建議，還要抗拒向外尋求範本的衝動。

你是獨一無二的

走出比較陷阱的第一步，就是體認到全世界**只有一個你**，不管走到哪裡，你就是獨一無二的你。有句老格言是「身在，心在」，你內心深處的感受、想法和欲求，沒有任何人會跟你一樣，甚至連相似的邊都沾不到。如果你認同這個概念，那麼接下來你應該會想要好好研究一下，為什麼你會用別人的例子當成自己做或不做某件事的理由呢？

組成這個社會的每一個人都是獨一無二的，但是人們往往覺得與眾不同的人對他們造成威脅。確實，我們回顧歷史時，常會注意到那些因為獨特而偉大的人物，對他們加以讚揚。舉例來說，有個知名的美式橄欖球教練在公開演講中拿愛默生當楷模，但只要對那個教練稍有認識的人都知道，如果愛默生接受他的訓練大概連一個小時都撐不下去。那個教練滿口說著不要當順民、不崇拜英雄做自己，做的卻是另外一套：不允許「他的」球員對媒體發言、有好表現的時候就發小貼紙讓球員貼在頭盔上作為外在的獎勵、代替每一個人發言，以及諸如此類的行為。類似的情況是，耶穌、蘇格拉底、甘地、湯瑪斯・摩爾爵士（Sir Thomas More）這些歷史偉人，甚至到比較近期的美國總統杜魯門（Harry Truman）和英國首相邱吉爾（Winston Churchill），在他們生存的時代全都因為過於強烈的個人色彩而被奚落，直到後世當推崇這些人不再是一件危險的事情時，才被奉為神明看待。

在課堂上我們用「常態曲線」這類原則來判定哪些學生「適應良好」，哪些學生適應不良。我們用標準化工具去評量人們的各方面，追求神聖的「平均值」。費德瑞克・克蘭（Frederick Crane）曾經說過：「平庸的人在統一的標準中找到安全感。」儘管承受如此龐大的壓力，儘管你不斷被提醒要和其他人一樣，但你千萬、絕對不可以屈服。你將持續用自己獨特的方式去感知、思考和感受。你要了解，其他人使用外在指標的動機完全是為了控制你的行為，是為了操控你，有了這樣的認識以後，你就能阻止這種形式的受害。

存在的孤獨

除了體認到自己在這世上是獨一無二的，你還必須接受另一個概念：你永遠是孤單一人。

沒錯，只有你一個人！

沒有任何人能夠感受你的感受，不論你是被千萬人包圍，還是正在與人燕好，或是一個人躲在衣櫃裡。這種「存在的孤獨」是無可避免的，意味著每一個人的存在必定是孤獨的，只有你自己一個人能體會自己獨一無二的感覺和想法。

體認到這種存在的孤獨可以使你無比自由，也可能使你備受壓抑，端視你選擇要怎麼面對。但不論你怎麼選，孤獨的事實永遠無法改變。不過你**可以選擇**使其成為一種自由的體驗，我已經鼓勵很多當事人這樣做。

你可以參考雷夫的例子：雷夫是一個四十六歲的高階主管，幾年前他來找我諮商。存在的孤獨在某一天傍晚突然找上雷夫，他跟我說，當時他坐在客廳盯著他太太看，他太太正專心看報紙，對他腦中紛亂打轉的思緒渾然不覺。忽然之間他有一種詭異的感覺，眼前這個與他結褵二十四載的人根本不了解他，像是一個全然陌生的人坐在他的客廳裡。雷夫第一次領悟到，這個人永遠不可能知道他內心的感受與想法。

這種感覺讓他毛骨悚然，雷夫不知道該如何應對，只能想到尋求心理諮商。在最初幾次會談中，他覺得**必須**做些什麼，例如離婚或離家出走。隨著他逐漸理解身為人類無可逃避的存在的孤獨，他學會從完全不同的觀點去看待這個基礎事實——你可以說那是一種使他變得自由的觀點。既然他的妻子永遠不可能感受到他的感受，他應該做的是停止期待對方能夠了解他，能夠隨時「與他同在」。反過來說，他意識到他的妻子同樣是孤獨的存在，所以他可以卸下肩上的重擔，不必要求自己時時刻刻試著和她同心同德，感受她的感受，然後在做不到的時候產生不必要的罪惡感。這種新體悟讓他得以停止自我毀滅式的痛苦追尋，不再到處尋找知心人，得到完全的自立。雷夫也因此打消對妻子不切實際的期待，不再對她有無謂的要求。

不久之後雷夫感覺整個人脫胎換骨，這一切完全是因為他解放了自己，不再嘗試讓某個人進入他自己獨一無二的身心之內跟他在一起，他知道這種嘗試是沒有意義的。

重點來了，我們要知道，如果雷夫在認識存在的孤獨之時告訴自己，自身的境遇是囚禁他的牢籠，永遠沒有人會了解他，那麼這將會變成一場災難，如同許多人的下場。事實上在雷夫找我諮商之前，對妻子「不了解他」有許多怨言，而他突然察覺到他的妻子在某種程度上是個「陌生人」之後，有可能變本加厲地抱怨，走入絕望的死巷子。幸好經過我陪著他一起分析存在的孤獨以後，雷夫了解到不可能有任何人會像肚裡的蛔蟲那樣知心，儘管人與人之間可以分享很多東西、可以非常親密，但無法動搖的事實是，人們所知僅限於彼此的表面，內心的一切活動則是無法觸及的禁區，所有人皆生而如此。

存在的孤獨可以成為源源不絕的力量之泉，也可能成為一大麻煩。每當你想要效法其他人的故事來經營自己的人生時，請你想一想十九世紀挪威劇作家易卜生（Henrk Ibsen）筆下的這句台詞：「世上最堅強的人，就是最孤獨的那個人。」

你可以把這句話解讀為不合群、自私的態度，或者你也可以認真思考在你身處的現實情況中這句話是否適用。事實是那些對人類做出最偉大貢獻的人，幫助了最多人的人，他們追隨的是自己的內心，而不是去做其他所有人說他們應該做的事。在這種情境中，「力量」意味著能夠停止嘗試讓其他每一個人了解你的感受，能夠起而捍衛你的信念。

雷夫的現況是已經停止諮商，當他回想起客廳中的那一刻，仍舊認為那是他生命中最重要的時刻之一，因為那一刻促使他投入諮商，使他得到自由，終止這一生徒勞追求讓妻子兒女感其所感，那一刻也讓他有力量更堅強也更積極做自己。他仍然相信沒有人是完全的孤島，可以遁世離群而居，但是現在經過親身經歷以後他知道，我們的內心是各自獨立的獨特島嶼，體認到這一點將能協助我們所有人建立通往彼此的橋樑，而不是為了別人跟我們不一樣而沮喪，結果更加深了隔閡。

自我比較的毀滅性結果

有了前面說明的基礎概念，接下來你必須處理的問題是，很有可能你對自我比較的遊戲已經非常熟練。這是很普遍的毛病，除了最頑強抵抗的人以外無人倖免。我們受到的文化薰陶教導我們向外尋找行動的指示，結果是「比較」支配著我們大部分的判斷。你怎麼知道自己聰不聰明？透過和別人比較。你怎麼知道自己是否可靠？是否有魅力？有價值？快樂？成功？滿足？你會去看周遭其他人的表現，然後判斷自己落在比較刻度上的哪一點。

你非常依賴「共同的標準」，依賴的程度甚至到根本想不出還有什麼別的辦法能用來自我評估。但其實有一套更重要的評估標準被你忽視，那就是**你自己**對生活的滿意程度。自我評估的方法無須外求，你要怎麼知道自己聰不聰明？因為你知道自己是聰明的，因為你這樣說，也因為你能做到你想要做的事。你有魅力嗎？是的，根據你自己的標準來看很有魅力，而你最好在發現自己**選擇接受**別人的標準之前先定出自己的標準，因為別人的標準搞不好會使你受害。

自我比較是一場自我毀滅的遊戲，因為你對自己的評價永遠受到外在事物的控制，而那些事物是你不可能掌控的。身處局中使你喪失安全感，因為你無法確定其他人會怎麼評價你。你可能很難抗拒拿自己和其他人比較的誘惑，因為這種做法消除了獨立思考的所有風險，而且當然啦，透過跟其他人比較然後盡量向其他人靠攏看齊，你可以得到更多表面的「認同」。

然而用這種方法過日子也有可能使你成為犧牲者，而且是格外迷惘無助的犧牲者。或許你心裡藏著「不一樣」的夢想，想要嘗試新的穿衣風格，想要和更老或更年輕的人約會，或想要做「不尋常」的事。如果沒有別人做這些事，那你就被困住了。

如果**碰巧**你想做的事和其他大多數人一樣，當然沒什麼不好。但如果你**必須**看別人才能決定自己該怎麼做，那麼可以肯定你落入了自我比較的犧牲者陷阱。再強調一次，你沒有必要事事唱反調只為了證明你拒當犧牲者，事實上這種「強迫性」的反抗，也就是別人往東你偏偏要故意往西，結果和凡事順從同樣容易受害。做決定的時候遵從你內心的「理性直覺」，**不必**和大家一樣——因為你是獨一無二的，就算你真的很想要「跟其他所有人一樣」也不可能做到。

要走出自我比較的犧牲者迷宮，踏實的第一步就是每當發現自己用上比較的詞彙時趕緊打住。跟前面的章節同樣的道理，你應該採取實際的步驟控制自己的壞習慣，不論是在內心思考或是在跟別人打交道（並且傳遞出訊息）時都是如此。

允許自己被比較的後果更恐怖

革除自我毀滅的比較習慣，並且發展內在的標準去評估自己的人生，這是比較簡單的部分，你會發現接下來的任務更困難許多：阻止其他人對你無休止的比較轟炸。

願意配合的人容易成為犧牲者，不管是願意去做某些事，還是因為其他所有人都守規矩接受某種待遇，所以你也願意配合。

在很多情況下（可能是大多數情況）接受跟其他人一樣的待遇沒有什麼問題，但若是在某項立意良善的「規定」下受到不當的對待，那麼你應該懷疑遇到了以損人為樂的執行者，因為規定本身應該有足夠的彈性，不致使任何人受害。

最喜歡用這種方式占人便宜的一個族群，就是全世界的店員和辦事員。第一章已經明白宣示過店員是混蛋！（不是指那些人，而是店員這種角色。）店員領薪水是為了執行雇主想要「每一個人」遵守的政策或規定，所以店員習慣成自然脫口就是：「你看那個女士，她都沒抱怨。」或「每個人都是同樣待遇。」不過你要記住，這類招式不僅限於店員會用。

下面二則小故事描繪出店員特別愛用「與人比較」這種手法，故事中我認識的二個人在評估之後進行了成功的對抗策略：

・煎餅小姐：查克走進一家煎餅店，店員領著他走過一個沒人坐的雅座，帶他到位於一扇門前的小桌子落座，這個座位只有一把硬椅，背後頂著門把，還有陣陣冷風會吹涼煎餅。

他告訴女服務生，他比較想坐在剛才經過的雅座，但是女服務生說那個位置保留給二個人以上的客群。查克堅持換到別的位置，於是服務生說：「先生，這是我們的規定。其他所有人都遵守規定。你看到那邊那個男的嗎？他都沒抱怨。」

服務生說的沒錯，那個男人坐在另一扇門前，一邊發抖一邊吃著冷煎餅，沒有任何抱怨。查克的回應是：「所以呢？我也沒在抱怨啊。我只是想要在一個舒適的位置吃我準備付錢買的餐點。如果妳覺得這是一個大問題，那就幫我叫經理來。」

「經理不在。」

「好吧，那邊有好幾個空位，為什麼我應該要忍耐不舒服？」

查克不想把場面搞得很難堪然後走人，因為他肚子很餓，也沒有時間開車到別的地方吃東西，所以走人只會使他受害更深。如果他能選擇，他並不想強迫煎餅小姐讓他搬到雅座，因為他感覺煎餅小姐可能會鬧起來。查克也不想給她小費。於是他決定找點樂子，演出崩潰的小劇場。

他繼續請求煎餅小姐講道理，但是隨著煎餅小姐的姿態擺得甚至更高，查克開始抽搐，手臂開始「不受控制」抖動，臉部扭曲。

「先生你怎麼了？」煎餅小姐被打了個措手不及。

「我不知道啊，」查克說話斷斷續續。「發生這種事我就會抓狂。」他的聲音加大了一點，更引人注意了。

此時主管像變魔術一樣現身，說：「看在上帝的份上，愛麗絲，讓他去坐雅座吧！」

故事結束。在這個案例中，查克用了一點演技，沒有傷害到任何人，並且在舒服的座位享用了熱騰騰的煎餅。離開的時候他對著煎餅小姐淘氣地眨了個眼，當然啦，沒有留下一毛錢的小費，以免強化她用這種態度去害其他人。

・收銀員：有一天莎拉騎腳踏車出門，在雜貨店櫥窗看到一則廣告：「柳橙汁，一美元三瓶。」這個價格很便宜，所以莎拉停車進店拿了六瓶柳橙汁，幾分鐘後她到了結帳台，打算用二個紙袋套在一起裝起來。

收銀員看到她的動作，氣呼呼地大喊：「不好意思喔，小姐，不能用二個袋子，那樣違反我們的規定。」

莎拉回答：「你們的規定不適用我的情況。你看，我要騎腳踏車回家，如果不套二個袋子，還沒到家柳橙汁就會灑得我一身都是，或是灑得一路都是。」

收銀員更火大了，莎拉察覺到收銀員感覺自身的價值懸於一線，所以堅決不肯退讓：「不准用雙層袋！」

莎拉知道這條規定有其必要，百分之九十九的情況下應該遵守規定以縮減紙張的浪費，儘管這家店的初衷可能只是為了省錢。但是在當下的情境中，莎拉不打算讓這條規定使她成為犧牲者。

收銀員告訴她，沒有其他人用雙層紙袋，莎拉為什麼要用？她為什麼覺得自己的情況可以成為特例？（儘管莎拉已經給了收銀員相當合理的原因。）收銀員滔滔不絕講著其他人怎樣怎樣，所以莎拉就問了，如果改成一個紙袋裝三瓶、另一個紙袋再裝三瓶，這樣可以嗎？收銀員說可以！但如果把二個紙袋疊在一起就不行。

遇到這種天兵的邏輯，莎拉決定找店長，店長很快看出這個店員有多荒謬。最後莎拉用雙層紙袋裝著她的戰利品騎回家，成功脫離了受害的情境，但那個收銀員沒有；莎拉離開的時候那個收銀員怒氣衝天、亂摔東西，而這一切只因為莎拉決定不成為愚昧執行規定的犧牲者，而當時的情況顯然需要網開一面。

《時代》（*Time*）雜誌刊登過洋基隊棒球明星喬・迪馬喬（Joe DiMaggio）的一則小故事，講到迪馬喬有一次要求加薪：「打完第四季以後，我要求四萬三千美元的薪水，總經理愛德華・巴洛（Ed Barrow）跟我說：『年輕人，你知不知道盧・賈里格（Lou Gehrig）打了十六年球，薪水才四萬四？』」又來了，把話題轉向其他人作為你應該犧牲配合的理由，一旦你同意這個邏輯，可能會被欺凌到死，只因為「其他人都是這樣」。真正一流的加害高手會在感覺到對你的控制有一絲鬆動的時候，立刻搬出這套戰術。

店員和其他職員常對其他人施壓，要求別人一起執行他們公司的政策和規定。假設有個牌子寫著「禁止說話」，而你的孩子或別人的孩子卻在說話，那麼「執法者」常會對你擺臉色，一副「你為什麼不執行禁令」的模樣。但是倘若這個禁止說話的規定並不合理，背後的錯誤信念是幼小的小孩應該像成人那樣謹言慎行，那麼你就不應該傻傻執行規定，加入害人的行列。

某個冬日，約翰在下榻旅館的室外溫水泳池游泳，有個牌子寫著禁止潑水丟球，水面上卻覆蓋著幾千顆塑膠球，為的是避免熱度散到冷空氣中。這時候有幾個小孩開始丟球潑水，雖然那根本不是約翰的小孩，卻要求約翰執行禁令。由於附近沒有其他大人會被干擾，而且執行規定也不是約翰的分內工作，所以他回答：「我個人並不認為這個規定有必要。我認為泳池應該是讓小孩子玩樂的地方。他們沒有打擾到我或其他任何人。如果你想讓他們停下來，你得自己下水阻止他們。總之我不幹。」警衛很生氣，不知為何他覺得約翰有義務跟他站在同一邊，反對那些孩子的行為，或許因為他認為約翰是成人，或許是因為約翰的旅客身分；不過警衛還是下水「完成任務」。

約翰認為那些孩子顯然受到了侵害，這違反了約翰的準則。所以他去找經理表明身分，並且說明他認為這個規定本身很蠢，警衛堅持執行規定很荒唐。他說：「我告訴你，只要那條規定存在一天，我就不會帶我的家人來投宿。說起來，我自己一個人要住的時候也有其他旅館可以選。」結果是：經理當場改了規定。告示牌被取下，警衛被告知以後要做出更好的判斷，簡單來說，就是保證所有客人都能用他們想要的方式使用泳池，只要不妨害安全也不會打擾到其他人就行。這個經理算是看清楚了，原本意圖使客人賓至如歸的規定起了反效果，這可不是他要打的算盤。

企圖使你成為犧牲者的人另外一個愛用的伎倆，是告訴你「上個星期來的那位女士」怎樣怎樣。當然主角大可以換成「那個男的」、「那對夫妻」或「那些人」，但不知道為什麼最常用的還是「那位女士」。當你質疑帳單的金額，你會聽到**那位女士**付了二倍的價格，所以你應該覺得很幸運只要付這麼少錢。如果你在夜總會坐到不好的位置，**那位女士**比你更慘，坐在廁所旁邊的角落，但是**她**依然看表演看得很開心。如果你的商品遲了二週，**那位女士**已經等了四個月。

當人們想要讓你為自己要求得到像樣的對待產生罪惡感時，就會從犧牲者百寶袋裡面搬出「那位可憐的女士」。小心，當你看到「那位女士」被抬出來，緊接著送上的就會是一劑犧牲者苦藥，要你搭配著編造出來的故事一口吞下。

或許你本人就是店員，或許你的職位需要執行一些規定，而這些規定在某些情況下沒有存在的意義，盲目執行只會使人受害。（人類尚未發明出不需要例外的規則。）當你試圖合理開例，毫無疑問這時就輪你受到一些惡意同事的迫害。幾乎沒有例外你會這樣哀嘆：「做了我就會丟飯碗」，或者會發生其他可怕的事情。這個理由當然根本不成立，不僅如此，在歷史長河中最為罪大惡極的加害者就是用這個藉口推託責任。

執行規定不必大張旗鼓，也不應該帶有私人情感，如果某些人的情況明顯不適用，也就是憑你的理智判定需要變通或彈性應對時，你可以把規定放在一邊。你不必宣傳自己「睜一隻眼閉一隻眼」的行為，只要你不把死忠執行規定當成評估自我價值的標準，就會發現眨眨眼睛放行不是什麼難事。假如你發現自己在執行的規定動不動就使其他人成為犧牲者，而你並不喜歡這樣，那麼你應該問問自己，為什麼你會把特定的一個工作（或其他東西）看得如此重要，超過你對自我價值的感受？

假如愛默生還在世，他大概會對世上那些熱衷於比較和執行規定的人重述這些話：

每一個人的天性有各自的美好……每一顆腦袋有各自的條理——真正的男子漢絕不會盲從規則。

倘若習慣性加害者能把這番道理用在自己的生活中，就不會如此迫切感到需要「執行規定」。倒不是說碰巧做了店員的人就沒辦法做自己，不是這樣的，只是店員的工作中有太多必須迫害他人的情況，所以確實比較容易吸引那些樂於不管三七二十一對其他人執行規定的人，用這種方式提升自尊；這些人當中很多人一輩子都是店員。

在另一方面，許多人當店員只是為了累積經驗，為了賺錢或其他目標，他們不會把自我價值和執行規定畫上等號。他們的行動安靜有效，在適當的時候懂得轉過頭去輕輕放過。如果你的謀生工作恰巧是店員或職員，記住，要做什麼樣的店員完全由你自己決定。

最近我注意觀察了一位男士，他在我常經過的一個繁忙十字路口擔任學校的交通導護，我發現他喜歡等到有車來的時候才讓孩子們過馬路，路上沒車的時候反而讓孩子聚在人行道上等待。然後他會走到路中間，行使導護的權力攔停來車，讓孩子過去。這是一個典型的例子，用自己的工作能給予他對別人有多少控制權來衡量自己的價值。他的做法當然危害到了開車的人，造成不必要的延誤，但這可能是他人生中唯一能夠控制別人的機會。實際導致的損害非常小，寓意卻很鮮明。若是自我價值建立在對你或對其他任何人行使控制權，可想而知人們會盡全力習慣性行使權力。假如你遇到這個交通導護，並且好心指出他大可以趁沒車的時候護送孩子們過馬路，沒有必要硬是攔車造成別人的不便，他很有可能會回嗆：「其他每一個人都停下來了，沒有半個人抱怨。你是怎麼回事？是不喜歡小孩子嗎？」一如往常，他在有意無意間使用的計謀是扯上其他人，天馬行空胡扯，好把焦點從**他的**行為轉移到別的地方，讓你繼續對他俯首稱臣。

其他常見的比較陷阱

下面列出了一些最常見的句式，把注意力集中在別人身上，從而達到讓你成為犧牲者的效果。你要留意其中哪些句子是你自己常用的，哪些是常聽到別人用來阻止你實現目標的。

- 「你為什麼不能多學學……？」

這句話誘使你看不起自己，對加害者屈服，只因為你不像某個「模範榜樣」。權威人士用這套方式來控制「下屬」格外有效，例如員工、子女等人。

- 「別人都沒在抱怨！」

這一招用來讓你維持「和其他所有人一樣」的狀況，而其他人因為太膽小所以不敢維護自己的權利。

- 「要是世界上人人都像你一樣怎麼辦？」

加害者會告訴你，你主張自我權利是在提倡無法無天，策反全世界，藉此讓你感覺這樣做是不對的。你當然知道不可能所有人都挺身捍衛自己的權益，就算真的人人如此，那也只會讓這個世界變得更好，因為到時候就不會有人濫用這種形而上的道德問題「要是世界上人人都……」去欺壓別人。

- 「你應該滿足於你所擁有的東西。」

這種巧妙的比較招數常伴隨著「你的祖父母從來沒有過一天好日子」或「非洲的小孩餓到皮包骨」這類評論，用來引發罪惡感，別人從前沒有或是現在沒有的東西，你怎麼可以認為你應該要有呢？這句話暗示你永遠不應該為自己個人的情況爭取權益，因為其他情況下的其他人曾經遇到困難或現在仍在困境中。如果加害者能哄騙你對從未參與也無力改變的事情產生罪惡感，就能證明你沒有權利享有你的祖父母沒有的東西，或是非洲的人沒有的東西，以此類推。

- 「別鬧了！你把我的臉丟光了。」

這個招數用來讓人採取自我放棄的行動，而不是有效的行動，只因為說這句話的人無法忍受公開的衝突。這句話特別常用於教導年輕人多考慮別人的想法，最終導致他們不相信自己，自尊低落，需要尋求諮商治療。

- 「你為什麼不能更像你的兄弟姊妹？」

比起其他任何形式的比較，有更多人在成人階段因為不停被拿來和兄弟姊妹比較而飽受困擾。如果兒童被期待跟家中其他成員一樣，就不可能發展出個體意識和自我價值。每個人都是獨一無二的，應該受到獨一無二的對待。

- **「他們想要這樣。他們不允許那樣。他們就是那樣做的。」以及其他類似說法。**

當心神奇的「他們」，被加害者用來製造的印象是：有某個至高無上的權威規定了你應該遵守的條款。如果說這話的人講不出「他們」到底是誰，那麼你可以推定「他們」根本不存在，你要是遵守「他們的」規則就是大傻瓜一個！

- **「這是上帝要我做的。」**

有很多人相信他們有特殊的渠道可以和上帝溝通，當他們接收到上帝的旨意去做不利於別人的事情時，也只是上帝透過他們對那些人說：「辛苦你了」。一九七六年十二月十二日週六的《邁阿密前鋒報》（*Miami Herald*）引述了紐約噴射機隊（New York Jets）教練盧・霍茲（Lou Holtz）的話，他對媒體解釋為什麼不履行已簽署合約的最後四年以及相關法律責任：「我沒辦法全心投入職業美式橄欖球。上帝讓盧・霍茲來到地球上不是為了這個目的。」然後在說完這是上帝的旨意以後，他到別州接下了另一份工作。我真的很想知道，美式橄欖球教練是認為上帝有多閒，閒到有空去關心哪個教練指導哪一隊。

克服比較陷阱的對策

如同本書中介紹的其他對策，運用時你必須先評估情境，避免冷不防受害，並且準備好反擊，掐熄所有加害的火苗。下面是一些你應該銘記在心的技巧，當你遇到有人試圖拿你跟其他人比較來阻止你達成目標，或是操控你去做他們想要你做的事情時，你可以活用這些技巧。

- 與人發生衝突時，如果對方提到曾經被他害過的其他人，然後說你也應該這樣，你要記住：這樣的比較與你個人無關，他對所有人都這樣說。不要被激怒也無須沮喪，如此你將有很大勝算避開這類往往帶有侮辱性質的加害。

- 遇到用別人的例子來說服你去做你並不想做的事情時，你可以問對方：「你認為我會在乎你上個星期遇到的客人怎麼樣嗎？」或「我為什麼要聽你說你是如何對待其他人的？」不要畏縮，你只不過是提問題，加害者打算從你身上奪取的可比這多得多。

遇到別人利用比較製造對你不利的情境，你應該立刻打斷他們，直截了當地說：「等一下，你現在是用別人的例子作為**我**應該怎麼樣的理由，可是我並不是你說的那些人。」或許你不習慣這種開門見山的說話方式，但是儘管你的內心在顫抖，還是要底氣十足地說出來。試過幾次之後，你會發現與人正面對決變得更容易，而且一旦你生活中習慣加害你的那些人看到你是認真的，就會停止徒勞的嘗試。記住，他們會做那些行為是因為有效果，一旦失效，就不會再做。

• 遇到比較的情境時，練習使用「你」開頭的句子：「你認為我應該更像莎莉？」或「你認為我的作法應該跟其他所有人一樣？」把「你」放在主位傳達出的訊息是，對方發動的比較攻擊不會往你心裡去，你很清楚他們在說什麼。說這些話的時候，記得帶著不敢相信和困惑的感覺，做出你很意外對方竟然會這樣想的樣子。

• 如果其他方法都失敗，那就練習無視吧，別理他們。這種戰略對家庭成員特別有效，每當有人說你應該用跟別人一樣的方式做什麼什麼，你就閉上嘴巴不說話。這種沉默很可能會被注意到，要是有人問起，你就告訴他們：你已經試過其他各種方法阻止他們透過比較來操控你，最後決定在他們鍥而不捨嘗試的時候不予回應。對方可能會發怒（作為控制你的手段），但同時也會了解你的意思。

• 另一個辦法是以其人之道還治其人之身，比方說：「很高興你提到上個星期都沒抱怨的**那位女士**，因為我正想告訴你，上個星期我遇到的師傅收費比你更少！」或者：「如果你再繼續說我應該像麗姿表姊那樣有魔鬼身材天使面孔，那我就要說你應該像哈利叔叔那樣慷慨大方！」要不了多久，加害者就會知道你比他們棋高一著。

・更高明的做法是，戳破加害者的把戲，讓他知道你知道他的感受：「你很不高興，你拿我跟別人比較，這樣我就會停止去做**我**認為該做的事。」這種正中紅心的大直球能夠傳達出你拒當犧牲者的立場，還能鋪墊出誠實的舞台，取代彎彎繞繞或更多無意義的比較。

・一旦發現打交道的對象（例如店員）沒有能力或沒有意願幫助你，也就是當他們堅持「他們」、「每個人」、「那位女士」、「規定」等等是你必須遵照的標準，你就應該立刻打住。如果你明知如此還繼續談下去，哪怕只有一刻，都是在把坑挖得更深，更難爬出來。不論對方是律師、國稅局官員、醫生或是誰，如果你突然發現你懂的比這個所謂的「專家」更多，趕快有禮貌地告辭，去找別的能回答你問題或給你幫助的人。有懷疑就趕緊脫身，否則結果幾乎必定是淪為犧牲者，不管對方是有心還是無意的。

・遇到使用比較攻勢並且可能使你受害的人時，問問自己：「我想要從這次遭遇獲得什麼？」而不是內心暗罵：「搞什麼鬼，竟然叫我多學學那個誰誰誰？」透過自問，能幫你找出機會所在，幫助你對抗因為觀察到對方的伎倆而按耐不住的怒氣。弄清楚自己想要什麼，然後就能專注於達成目標，而不是聚焦於加害者的行為。

・避開比較的陷阱的同時，還要評估潛在加害者的需求。想一想：「他是不是需要感覺自己很有權勢、很重要、需要被了解、被尊重？」如果你能找到方法讓對方從這次對談中得到一些東西，「保全顏面」，那麼你就更有可能不致受害。例如遇到一個明顯需要感覺自己很重要的飯店領班時，你可以稱讚他的工作能力一定很強，才能把事情做得面面俱到（言下之意是你預期自己在這裡得到的經驗同樣完美）。若是開場的氣氛不錯，感覺可以進一步攀談，可以問對方這份工作做了多久，如果時間不長就誇他學得很快，如果時間很長就誇他經驗豐富。打好關係能讓人更願意為你服務，也更不願意使出害人的招數。

・如果你發現在你生命中的某些人習慣用比較、講別人怎樣怎樣的這些方式試圖操控你，挑一個你感覺心平氣和的時間找他們討論，要求他們想辦法改善。在情緒平靜的時候提出這類簡單的要求，比起生氣時大喊大叫要更有效，說氣話只會讓其他人更喜歡「比較」你，因為你的表現讓他們確定可以用這招控制你。

・練習一些你自己想到的「突襲」反應，用來對付加害者的比較攻勢，要練習到能夠面帶微笑毫不懼怕地說出口。「你剛才拿來跟我比較的那個人我根本不認識，而且他也不在這裡，沒辦法證明你說的話。現在我人就在這裡，如果你沒辦法應付我的問題，那你就去找你說的那個人重複你說的那一套吧。但是你跟我說這些有什麼用？」你可以嘗試明確的陳述如「這項規定根本不適用這種情況！」或是比較籠統的評論「平庸在統一的標準下茁壯。」你可以自己編出類似的精闢格言警句，作為絕佳的拆彈工具，迅速遏止對方，讓對方加害你的構思出軌翻車，讓你主宰談話方向。

- 如果你感覺某人正在對你施展加害大法，你也可以自導自演一齣大戲，沒什麼好怕的。記得查克對煎餅小姐演出的崩潰小劇場嗎？要是有人堅持要你演出不是你的某人做過的行為，那就如其所願，挑個你中意的人好好扮演，選角的唯一標準就是能夠讓你得到你想要的結果。「演戲」是一條好玩的錦囊妙計，不能常用，否則就會失效。
- 時刻警惕自己是否坐上了加害者的位子，最好的方法就是注意聽自己說話，在比較的話語出口之前先攔截下來，這樣才不會強化你身邊親近之人的同樣行為。剔除「多學學誰」之類的句子，跟別人說話的時候避開「那位女士」以及所有沾親帶故的指涉。別再要求你的孩子以兄弟姊妹為榜樣，把他們當成獨一無二的人看待。停止用自己的故事要別人參考仿照。絕口不說「你看我都沒這樣對你！」或「我不做那種事，你為什麼要做？」之類的話。只要你不那樣說話不那樣行動，別人就沒有機會用「你上次就是這樣對我的」當成藉口。

・要有長期抗戰的決心，堅持拒絕被比較。習慣性加害者的把戲不能只拆穿一次就算了，要頑強堅持到對方徹底死心為止。你的不屈不撓將會得到回報。

・甩掉所有偶像，別想著拿其他人當作你的人生榜樣，你就是自己的英雄。千萬不要希望自己像別的人。欣賞別人的成就沒問題，但是別忘了你和那些人同樣獨一無二。如果你總是想要跟別人一樣，或是想要複製他們的成就，加害者就很容易用那些人作為指標，讓你乖乖聽話回到隊伍當中。

・最重要的一點大概是盡量讓每一次交鋒成為快樂、有趣、充滿挑戰的經驗，而不是為了自己的人性尊嚴浴血奮戰。開開心心地觀察自己的行動是多麼有效。如果你能成功做到這一點，並且在過程中不投入自我價值當籌碼，那麼你頭上的犧牲者戳記將能消除得更徹底。反過來說，倘若你板著一張死人臉嚴肅過日子、奮力應對每一次與人的遭遇，那你就是在把自己設定為一個習慣受害的人：「被害是你自找的」。不那麼拼命、放鬆並且樂在其中的人，做起事來最有效，遠遠超過其他人。你看高手出招是多麼游刃有餘，很大原因是高手已經練到習慣成自然，絕不會慌慌張張給自己壓力，覺得「一定要成功」。高手在緊張侷促時往往表現不如預期，但若是保持輕鬆的心情就能達標。

最後的提醒

愛因斯坦曾經說過：「偉大的靈魂總是遭到平庸心靈的激烈反對。」這真是大實話。想要實現專屬於你的偉大，想要攀登專屬於你的山頭，必須傾聽自己的聲音，而且從頭到尾只聽自己的聲音。唯一的替代方案就是聽從你遇到的每一個人建議的完全相反方向。

大眾總是會拿你跟其他人比較，因為這是他們用來操控你的武器，用比較來讓人順從。拒當犧牲者意味著你要堅定拒絕用其他人作為跟自己比較的範例，還要學會如何化解其他人用比較來控制你的攻勢。

第5章 安靜有效的生活，不求被了解

有愛能行，因為愛不行而行。

十二道檢驗題

如果你必須證明自己是贏家，那你永遠不可能會贏，這就是本章要說的全部內容，是安靜有效的生活之道。以下的檢驗題能幫助你評估自己目前安靜有效的程度。

是／否

□ □ 1. 當別人沒辦法理解你的意思時，你是否會感覺鬱悶？

□ □ 2. 你做成什麼事的時候是否一定要昭告天下？

□ □ 3. 每次戰勝某人或某事，你是否一定要讓別人知道？

□ □ 4. 你是不是容易被別人的行為或言論觸怒？
□ □ 5. 你是不是無法說謊，即使在說謊是更明智可行的情況下也辦不到？
□ □ 6. 你是不是常在主張維護個人的隱私需求時產生罪惡感？
□ □ 7. 你是不是容易被尖酸刻薄的人影響而情緒低落？
□ □ 8. 你是否常發現自己在說或者在心裡想：「他不了解我」？
□ □ 9. 你是否認為人生本來就是苦的，來到這世上就是受苦受難？
□ □ 10. 你是不是發現自己很難從討厭的人面前脫身，像是醉鬼和吹牛大王？
□ □ 11. 你是不是常常在解釋自己的行為，但你其實很討厭必須要解釋？
□ □ 12. 你是否花很多時間分析與親友之間的關係？

回答「是」代表那個領域有可以努力的地方，需要消除受害的情況。如果你**隨時隨地**感覺必須向其他人解釋、讓其他人了解你，如果你總是試圖透過言語和行動向其他人證明自己的價值，那麼你就是「不安靜有效」這種毛病的犧牲者。

安靜有效的生活

什麼是「安靜有效」？本章要強調的字眼是「安靜」，因為在前面的章節已經詳細討論過「有效」的重要。「安靜有效」的意思是，你不必告訴其他任何人你的勝利才能感受到勝利是有意義的。生活中發生的事拿出來與別人分享是很正常的交流，但如果你**需要**告訴別人才能感到滿足，那你就會成為犧牲者。一旦這變成一種**需要**，你就會任人宰割，如果別人因為任何理由拒絕認可你的價值或成就，你就會崩潰，到最後被人牽著鼻子走。

安靜有效也意味著你不必拿自己的勝利在同伴面前顯擺。如果你硬是要這樣做，其他人也會回敬，想方設法打你的臉。想要過安靜有效的生活，最重要的關鍵在於你對自己的感受。如果你有自信，那麼滿足**自己**便已足夠，因為你認為自己是有價值的。但如果你自尊低落，就會仰賴其他人證實你的價值，而這會使你陷入困境。一旦你**必須**向外尋求肯定才能建立信心，就等於舉手自願加入犧牲者的陣容。

「大聲無效」的一個代表性例子是戴瑞，他是我的諮商當事人，年近四十，幾年前因為公司破產而失業。他來諮商是因為找工作沒頭緒，甚至連養活自己都有困難，他的說法是：「我只是沒辦法找到對的門路，我擔心找一輩子也找不到。」

在諮商會談中，戴瑞很快顯現出最嚴重的攀附名人傾向，開口閉口談的都是他認識這個或那個大人物，但其中大部分是空想。戴瑞還會向每一個人吹噓自己的成就，由於他實在沒什麼成就，只好捏造更多故事。簡而言之，戴瑞很難把話藏在心裡，也感覺不到自己內在的自信。他需要其他人的肯定，否則就渾身不對勁。

當戴瑞開始檢視自己為什麼需要在別人眼中顯得很重要，他發現這是因為他感覺自己沒有價值，而這種感覺則是來自失業，來自於他持續認定自己是個失敗者。以前他一心認為自己的價值來自工作表現，所以當他不再有工作表現（儘管原因是公司／雇主的失敗），他的價值就消失了。於是他為了彌補自我價值的缺失，開始向其他每一個人證明「我有多偉大」。但是所有人都看穿了他，他變成了自己低落的自尊的犧牲者。當他抬出名人以提高身價時，他的朋友乾脆忽視他；當他自吹自擂時，同樣使得親友更加疏遠。他開始自救，用一些方法爬出自己挖的坑，包括學著不把自己的勝利拿出來說嘴，以及有意識地盡量避免自誇、吹噓或其他「大家快看我啊」的行為。這些行為消退之後，他變得更受人歡迎，也更有自信，最重要的是，他不再因為自己的態度和行為而受害。

關於隱私

一旦開始建立起自信，你就會停止期待每個人都想要聽你的故事，還會發現獨處並沒有那麼難以忍受。隱私是人生非常重要的一部分，是心靈健康的必需品。想讓每一個人了解你，想要分享你所想、所說、所做、所感覺到的一切，是在自掘陷阱。

此外，想要避免受人擺布，就不能感覺需要被了解，同時要保留一些隱私。我並不是在鼓勵遺世獨立，而是建議你仔細檢視個人隱私權，並且更認真檢視那些企圖侵犯隱私領域加害於你的人，或者更糟糕的情況是根本否認你的隱私權。梭羅在華騰湖畔獨居了將近二年，他在《湖濱散記》中寫下了對隱私的感想：

> 人們常對我說：「我想你待在老遠的地方一定感到很寂寞，一定想跟人們挨近些……」我總想這樣回答：……我怎麼會覺得寂寞？我們的地球難道不在銀河之中？……我發現，大多數時間獨處是有益健康的。與同伴在一起，即使是最好的同伴，也很快就令人厭倦、耗費精力。我喜歡獨處。

不是人人都像梭羅，但是在二十一世紀的今日，他的意見仍然萬分貼切。想得到充實圓滿的感覺，不必非要混在人群中，也不必總是要求別人分享、要求別人了解你。事實上，有這樣的期待，或是允許生活中其他人對你有這樣的期待，只會使你成為犧牲者。堅持維護自己的隱私需要一些勇氣，尤其是如果其他人認定你對隱私的渴望是在排斥他們。對大多數的人嘗試解釋只是在做白工，你該做的是付諸行動行使你的權益，做的次數夠多的話，就能教會其他人用你想要的方式對待你。用說的，就算說破了嘴，你還是非常有可能感覺受害，到最後無論如何還是失去隱私。

不被了解是應該

你應該還記得上一章討論過存在的孤獨，不可能有人總是了解你的心意，你也不可能總是了解其他任何一個人的心意。配偶會做出你不了解的事，子女可能終其一生是你解不開的謎團，政治家說的話和做的事你可能永遠不會相信，人們將一直讓彼此失望直到海枯石爛。期待人們了解你的一切言行，大部分時候不僅會讓自己失望，還會讓自己受害。如果你決心過安靜有效的生活，下面有幾個值得你思考的重要概念。

• 聳聳肩讓事情過去是一種美德。學著看開。對於別人無傷大雅只是你看不順眼的行為和態度，不要覺得有必要大聲嚷嚷，聳聳肩然後忘掉就好。如果你參加了一場不喜歡的聚會，你可以對自己說：「這個房間裡其他每一個人可能感覺被逼著互相寒暄，虛委以蛇，但是我不必做這種事，我很開心。」你可以選擇離開，或是為自己的安靜有效感到愉快而自得其樂，或其他任何選擇。總之你不必放大去看別人的行為，然後吵吵鬧鬧去攻擊別人，最後傷了自己也傷害了其他每一個人。**對自己**聳聳肩，說聲「那又如何？」，就讓整件事過去了。非犧牲者就會這樣做，不是騙自己，只是沒有需要隨時隨地刷存在感。

• 生氣你就輸了。不管是遇到毒舌評論，或是遇到你已經習慣認定為「可惡」的事情，都絕對不要再因此而內傷。不認同別人的行為或言論時，當作沒看見就好，特別是當事情跟你無關的時候。如果你發脾氣或心情不好，如果你嚷嚷著：「他竟然敢說這種話！」或「他沒有權利這樣搞我！」或「看到怪人讓我不爽」你就是在用別人的行為懲罰自己，相當於允許你討厭的人恣意牽扯你的情緒。聳聳肩，忽視它，轉過頭去，問問自己這件事真有那麼糟嗎？或者如果你想要做出改變，那就放手去做。就是不要選擇當個生悶氣的受害者。

・人與人之間的關係分析過頭只會害了自己。如果你每隔一段時間就感到必須坐下來「努力改善」人際關係，尤其是婚姻關係，這類活動可能比你想像的更神經質。努力改善的過程往往包括冗長的懇談，試圖了解彼此的動機，鄭重承諾永遠在情感上互相扶持。偶一為之可能不會構成什麼問題，但如果變成這段關係的固定劇碼，就會讓人疲勞、挫折、厭煩。誰會想要在辛苦工作一整天以後回家還要費力改善關係？先別急著辯解，別急著指控不思改善的態度是麻木不仁，先想清楚再說。我所見過最美好的關係，是互相接受彼此原本的樣子，而不是忙著分析對方做的每一件事。

十五歲的愛侶並不成熟，他們單純地接受關於彼此的每一件事，互相注視時眼中只有愛意，愛他們見到的一切，不會去分析為什麼，也不會要求對方的了解。但若是進入真正「成熟」的關係，比方說結婚五年後，他們可能會互相質問：「你為什麼那樣做？」「你已經不是當初我認為的那個人了！」「你為什麼不按照我的希望做？」「你沒問過我可以不可以！」你應該再想一想，為什麼會說十五歲的真愛是「一時腦熱」，也應該想一想，在你生命中所愛的人你是否接納他們的原貌？

互相分享感覺與想法可以是美好的經驗，只要不變成強迫需要固定執行的義務就值得鼓勵。但我認為如今有太多的關係被過度分析，使得很多夫妻和情侶失去熱情，感覺在一起是種折磨。不變的事實是，你們是二個不同的人，永遠不可能完全互相了解，認真想想就會發現其實你們也並不真的想要完全互相了解。所以何不努力接受彼此本來的樣子，停止反反覆覆推敲再推敲、分析嘗試「改善」彼此的關係。就讓彼此保持獨一無二，如同紀伯倫（Kahlil Gibran）所說的：「要在你們的依偎裡留有餘地」。

- **爭吵不值得**。有句老話說爭吵是愛的表現，但是倘若你因為爭吵而在任何方面成為犧牲者，應該要好好重新審視一下這句話。你可能被某人拉進爭執，結果心情惡劣、血壓升高，埋下潰瘍的種子，引發暴力傾向，最後在離開吵架現場的時候還認為這很正常。這一點都不正常，這是一種自我挫敗的加害。

千萬別相信爭執總是有益於健康的這種說法。在沒人受到傷害的前提下，好好發洩一頓可能很解氣，但是如果遇到愛挑釁的人，事情就沒有這麼簡單了。這些沒事也要找架吵的人態度粗魯，說話夾槍帶棒，動不動就爆炸，通常被掃到的**每一個人**最後都會成為犧牲者。

和一個不了解你的人起爭執的時候，你會訝異於大多數時候你的論點只會加深不了解，讓對方更堅定相信自己的觀點。爭論只是鞏固對方的固執，而你還很有可能辯稱這樣的爭辯是有意義的。

最近有一天，漢克在停車場開車門的時候不小心撞到隔壁的車，一個男人跳下車，面紅耳赤一副想要打架的模樣說：「見鬼了，你是想怎樣？」他恨不得漢克跟他吵，他就可以怒上加怒，最終挑起互鬥。

但是漢克沒有被他牽著走，而是告訴他：「嘿，是這樣的，我不小心沒注意到。我了解你的感受，我也不喜歡別人撞到我的車門。要是造成任何損害，我願意賠償。」

漢克鎮靜的態度化解了可能變得火爆的情境。另一位駕駛馬上冷靜下來，回答：「我不知道為什麼會對**你**這麼兇。我今天過得很糟，但我不是故意為了這麼小的事情這樣大動肝火。其實根本沒造成損害。算了吧。」最後他們握手言和。

這則故事的教訓很清楚，如果你允許自己被扯進爭執，期待**讓別人**了解你的立場，到最後一定會使自己變成犧牲者。就算你在激烈的爭辯中「獲勝」，對身體造成的負擔也足以讓你認識到其實你並沒有真的贏了什麼。你可以為了證明自己是贏家然後去做那些會引發潰瘍、高血壓、心臟病的行為——或者你也可以選擇避開爭論，保持身心健康。

- **說謊不一定違背道德**。在追求讓所有人了解你或認同你的過程中，你可能對說謊這件事立下了非常死板的標準：絕對不能和這種「惡行」沾上邊。

換個角度想一想，你是否因為習慣不計代價說出實話而受害？你應該會同意大部分人的觀點，例如假設你是一個猶太人，快要被納粹處決，除非你能說服他們相信你不是猶太人，那麼這個時候你完全沒有說實話的義務。在這類**極端**案例中，大家都會同意你不需要對敵人講究忠於事實，實際上你應該想盡辦法欺騙敵人，才是有效的行動。所以說你並不是無差別反對說謊，不過對於什麼情況下說謊才是合乎道德的，你可能有極為狹隘的定義。所以你真正該做的是重新定義應該說謊的情況：當你知道事實真相會傷人卻堅持不說謊，這是明智的做法嗎？你的原則跟這些原則應該要服務的對象相比，難道更為重要嗎？好好考慮這些問題，問問你自己是不是因為過於僵化而使自己受害。

我有個六十一歲的當事人，她是訓練有素的能幹速記員，但卻因為找不到工作而心慌意亂。她抱怨受到雇主歧視，因為她的年紀太大而不肯雇用她。我勸她把年齡寫小一點，用她自己的武器去對抗歧視，這個建議把她嚇呆了，她說：「那就是在說謊啊。」

我當然清楚知道那是說謊。她已經被七個雇主拒絕，這些沒心肝雇主的歧視行為根本已經違法，她卻繼續堅持永不說謊的原則，使自己成為犧牲者。最後她「修飾事實」，在面試的時候說自己五十五歲（她看起來像四十五歲），然後被雇用了。她在第一線工作中嶄露頭角，短短六個月內晉升為主管。然而若是當初她笨笨地堅持說謊是禁忌，就永遠不可能給自己機會再次敲開工作生涯的大門。

關於說謊你應該問自己的另一個問題是：「在我眼中構成謊言的要素是什麼？」

假設有一些關於你自己的資訊是你認為有權保密的，與其他任何人徹底無關。這時候來了一個人要你透露這些資訊，他覺得自己有權侵犯你的隱私，那個人肯定會想讓你覺得想要「隱瞞」你認為有權保密的資訊是一種說謊的行為，想讓你對「不肯透露資訊」感到愧疚。但是你真的有任何義務或責任必須告訴他嗎？當然沒有。當你說：「很不巧，這不關你的事」算是在說謊嗎？怎麼可能是說謊？全世界每一個法庭都允許人們有權拒絕回答可能自證其罪的問題，特別是如果你覺得別人很可能用你告訴他們的資訊做出對你不利的事，你不欠他們任何東西。

別人不會總是懂你，這是本章的主旨。仔細檢視你對說謊的立場，看看你是不是正在害自己，或使自己受害，只因為你不分青紅皂白強制說真話，結果讓別人控制你的行為。說了真話卻讓另一個人或自己受到傷害，你認為這樣有助於其他人了解你嗎？

開啟說謊這個話題是有風險的，因為很多、很多人的立場是，任何時候說謊都是不對的，是應該感到羞愧的一件事，即使在某些情況下說謊是有正當原因的。毫無疑問我並不支持不分對象場合的謊言，但若是因為說實話，因為你透露了本應屬於隱私的資訊而變成犧牲者，這就是一種自毀的行為，你就應該重新檢視自己的態度。更進一步說，倘若說謊是你擺脫犧牲者陷阱的唯一手段或最好的手段，你大可不必害怕採用這種辦法。偷偷計畫脫逃的戰俘如果被問到：「你是不是在計畫逃跑？」難道會老實回答嗎？當然是會說謊，你大概也會贊同說謊。同樣的道理，在日常生活中被人詢問時，你應該注意自己的囚犯行為，做出適當評估。假設搶匪用槍指著你問：「家裡還有藏錢嗎？」在這種情況下顯然你不會堅持說實話讓自己遭受損失。你絕對不需要因為盲目信仰實話而被其他人操弄洩漏隱私資訊，也不應該因此而受害。

你不必向別人證明自己

如果你必須向別人證明自己，意味著你被那些你必須向他們提出證明的人控制。安靜有效的人生沒有這種證明自己的需求。孩提時代會有許多「快看我」的行為，想要每一個人（主要是父母）看著你練習潛入泳池、向後倒溜、騎腳踏車，或是任何你逐漸變熟練的新體驗。小時候你需要那些關注的目光，因為你會根據重要「他人」對你的回應建構自我概念。但是那個階段已經過去，你不再是發展中的兒童，必須被關注，必須時時刻刻證明自己——除非你是那種成年以後依然渴求得到每一個人認可的人。

必須向每一個人證明自己將會使你的一生受害匪淺。當其他人不夠注意你、不贊同你，或者不了解你（這一點使你受害最深），你會發現自己很難過。於是你更努力讓他們了解，當他們看到你的反應，就能對你握有更強大的主宰權。這樣的例子曾經發生在我朋友身上，他試圖說服太太他在星期天下午去打觸身式橄欖球是他應該享有的權利，他沒有義務留在家裡逗她開心。太太則是不懂他怎麼會想跟一群滿身大汗的男人追著球跑，他明明可以陪她，特別是他已經整個星期都沒陪伴她了。我這個朋友說的越多，越可以明顯看出太太並不了解他，不久二個人開始為「她不了解他」這件事爭執了起來，最後那個下午他沒打到球。廢掉的不僅是那個下午，因為二人互不說話，而且太太還是不了解他為什麼想要打球，他自己造成了三重受害的局面。要是他早點認識到，太太永遠不可能了解他想要跟同伴一起打球的渴望，就算她不了解其實也沒關係，那麼我這個朋友就能避開陷阱，不會一心要向太太證明，就算他想做她不了解的事情，他仍然是個好男人。

與「感到必須證明自己」相反的情況是，其他人期待你這麼做。類似「什麼原因讓你那樣做？」或「喔，好啊，證明給我看」的話你應該沒少聽過。再提醒一次，你必須警惕向任何人證明任何事的情況。這種時候安靜有效的做法是，在心裡面跟自己討論一下：「我真的有必要向這個人證明任何事嗎？證明以後能讓事情變得更好嗎？或許我應該不要理他，他愛怎麼想就怎麼想吧。」這一點在跟陌生人打交道的時候格外重要，你是否曾經停下來想一想，向一個你完全不認識的人證明自己、花時間試圖說服對方你是正確的，這是一件多麼愚蠢的事？做這種事通常是為了說服**自己**，是在把聽你說話的對象（犧牲者）當成一面鏡子。

安靜的勝利很快就會讓你著迷。凱文最近去聽音樂會，中場休息的時候在大廳的小吃攤幫他們那群人買了四杯汽水，轉身回去的時候才注意到入口旁邊的牆上貼著告示：**飲料必須在販賣處食用完畢**。

凱文站在那兒，手上拿著四杯飲料，他有好幾種選擇。他知道站在門口的警衛正等著他入場，這樣警衛就可以把他攔下來，透過「執行任務」確立自我價值。

凱文可以自己喝掉四杯飲料，或是送一些給其他人、倒掉一些，或是把飲料通通留在外面，自己進去把同伴叫出來喝，也可以跟警衛吵，說告示貼的位置不對，買完飲料**之後**才會看見，所以警衛應該放他一馬，讓他「偷渡」飲料進去，並且把告示換個位置。在思考的過程中，凱文看到一條路可以讓他得到安靜的勝利。他發現販賣部後方有一扇門，通往和建築物平行的一條巷子。他偷溜出去，看到一個靠近音樂廳前方的出口開著，他們那群人的座位就在那附近。他走過去，鑽進人群到朋友們看得見的地方，招手示意朋友們出來，然後他們到街上喝完了飲料。

要是凱文選擇跟警衛對峙嗆聲：「我都已經買了怎樣」，只會鬧得很難看，浪費時間，最後淪為這場戲碼當中的輸家。但他審度情勢，在幾秒鐘內找出解決之道，成為了非犧牲者，而且沒有傷害任何人，也不必向任何人證明他的優越。

在這類情況中，靈機應變非常重要。機智的做法能讓其他人不容易傷害自己，同時考慮到他們的感受和責任。如果你必須證明自己，往往會思路受阻難以應變，變成一個粗魯笨拙的犧牲者。關於靈機應變，我最喜歡的是說故事大師史坦貝克（John Steinbeck）講的一則故事：

酒吧裡的二個男人談到威斯康辛州的綠灣，第一個男人說：「綠灣真是個好地方。」第二個男人回應：「有什麼好的？綠灣只出產二樣東西，美式橄欖球員和醜妓女。」「嘿，等一下，你這個混蛋，」第一個男人說：「我老婆就是綠灣人。」第二個男人立刻回答：「喔，是嗎？

她是打哪個位置的？」

在親友之中證明自己

原生家庭是一個特別重要的社會單位，你應該在家庭中練習從內在證明自己，而不是投入激烈的爭辯。

很多家庭的潛規則是，成員有權知道彼此的一切事情，隱私不僅是禁忌，更直接挑戰家庭的存續。家庭成員不斷要求彼此解釋自己的行動，在面對霸道詢問的親戚時必須給出答案，以及諸如此類的行為。遇到儀式性的場合要求「全員到齊」，像是婚禮、喪禮、畢業典禮、成年禮、派對、節慶聚會，不准你因為有其他更想參加的活動而缺席。其他類似行為包括質疑你的穿著，或是對你的外表哪兒都不滿意。家人擅長的還有要求你解釋為什麼不剪頭髮，為什麼讓這個或那個親戚失望。他們是超級監控員，密切監控被他們或「社會」歸類為「偏差」的行為，不管是否有害都不放過。如果你說你不期待別人總是了解你，他們會是全世界最頑強反對的人，因為家人往往堅持互相「交心」，而且會花很多工夫實現這個目標，儘管真正的交心鮮少發生。家庭連結可以非常緊密美好，但你必須小心注意可能束縛你的加害行為。

我覺得很有意思的一件事情是，好多人在快要離婚的時候會這樣說：「好耶，我很快就會重獲自由。」雖然這話有開玩笑的成分，但是為什麼有這麼多人認為離婚會帶來自由呢？有這麼多人認為婚姻是自由的相反，也就是奴役嗎？

在很多很多的案例中確實如此，這是有原因的。人們在婚姻或家庭中感覺不自由，主要是因為背負著無止盡的期待必須證明自己，或是害怕不被了解。去掉這二個部分，很多以離婚收場的婚姻都有希望破鏡重圓。

另一方面，在延續一輩子的友誼關係中，沒有任何一方需要證明自己。除了希望你做自己以外，朋友不會對你有其他期待，誠實就是整段關係的基礎。我每次都會建議家長群認真想想自己和朋友的相處，然後用對待朋友的方式去對待孩子和其他家人。比方說，要是有個朋友在你家吃飯的時候打翻了牛奶，你八成會說：「沒關係，我來幫忙清理。」但是對孩子你卻可能說：「笨蛋，看你幹的好事！你為什麼老是要這麼笨手笨腳？」把你的配偶、子女和其他家庭成員當成朋友。很多精神困擾的種子，就是在原生家庭埋下的，部分原因是很少家庭體認到家人需要互相尊重，需要保障隱私，需要有權**不必**無時無刻證明或解釋自己的行為，否則愛的紐帶會拉得太緊，變成壓力之源。這一點至關重要，我認為愛默生優美的散文〈論友誼〉用生動的文字做出完美的總結，我在本書的題獻詞也借用了他的話：

> 朋友就是我可以與之坦誠相待的人。在朋友面前，我可以想到哪說到哪。

在我從事家庭和婚姻諮商的經驗中，只遇過少之又少的家庭把友誼的標準用在日常關係中。然而若是能在家庭中一貫遵守友誼的原則，世上的犧牲者將減少很多。無論如何你可以用行動讓你的家人知道，你想要也準備好給予他們尊重，具體行動方式包括不讓自己成為家人的犧牲者，還要驅散必須證明自己的心理陰影。

拉別人跟著自己不幸的人

十九世紀初的美國女作家麗迪婭・西古尼（Lydia Sigourney）談到如何應對陰鬱的人：

遠離憂傷，冰島作家如是說，因為憂傷是靈魂的病。人生確實有許多苦痛，但若能從最樂觀的角度去看每一件事，把所有難以預測的天命視為充滿潛在的益處，這樣的心靈本身具備對抗苦痛的強力永恆解藥。陰鬱的靈魂使不幸更加不幸，其實往往只需要一個歡樂的笑容，就能驅散預示暴風雨即將來臨的霧靄。

遇到壞脾氣又不願意改變的人，最簡單通常也是最合理的應對之道，就是躲得遠遠的。聽起來或許無情，但這是非常有效的策略。滿腹牢騷的人從他們的消沉之中得到一些東西，被「誤區」主宰人生的所有人都是如此——額外的紅利通常是可以得到你的關注，或者更糟的情境是，拖你下水跟著他們一起不幸而得到滿足感。

你沒有義務加入陰鬱的行列，甚至沒有必要跟他們在一起。你應該讓自己被笑臉環繞，跟那些想要成長、享受人生的人在一起，而不是跟愛抱怨的人廝混，聽他們叨念這個世界對他們如何不公。對那些長期不快樂的人，你當然可以給予安慰和援助，但是除此之外你對自己有責任，要懂得避開可能把你拖到谷底的人，尤其是當你試圖伸手拉他們上來卻一再被拒絕的時候。

另外有一些人會對你繃著一張臉或怒目而視，以求得到關注，你如果回應他們，只會強化你想要滅除的陰鬱壞習慣。和這些臭臉人在一起把自己搞得心浮氣躁，就是在教導他們繼續這樣的行為。每當討人厭的行為浮現，你應該二話不說拋下討厭鬼，這樣對彼此都有益，不僅能讓對方學會停止抱怨，振作起來做一些有用的事，你也能夠把這一刻拿來做能讓自己更幸福的事。

你必須留意那些帶著使人衰弱的憂鬱烙印的人，他們把生命花在製造災難和雞蛋裡挑骨頭。他們的嘴裡甚少吐出好話，一心盼望發生最壞的事，而不是用樂觀或愉快的心情去面對未來。他們感覺生無可戀，滿懷悲憤，否定你為了使他們開心起來所做的一切努力。他們宣稱沒人了解他們，同時堅決抗拒被了解，用這種方式使別人成為犧牲者。這種人根本不可能被取悅，永遠不思進取。其中有些人從年輕到老整個人生都帶著這種自我毀滅的心態虛度光陰。不論你和他們有什麼關係或沒有關係，如果你堅持留在這種人身邊，你就是全世界最呆的大笨瓜，因為你只會從他們那兒聽到沒完沒了的災難報導：那邊發生搶劫、這邊有人死了、昨天剛發生意外、我脹氣、我坐骨神經痛、天氣好糟、冬天太冷、政客太狡詐、景氣不好——永遠說不完。在他們眼裡，從來沒有一天是好日子，最好最好的評論就是：「可能會下雨。」

這種行為之所以能夠延續，是因為有一些傻瓜很高興地逆來順受，多年來強化了這種行為。你不必當傻瓜，你可以站得遠遠的，公然無視，或者你可以用一些話反擊，像是：「以一個童年如此悲慘的人來說，你還真是愛談論童年。」或「你一定很愛你的脹氣，因為你老是在脹氣又老是在談脹氣。」不要諷刺挖苦，只要讓對方知道你不願意繼續聽無止盡的牢騷或怨言。保持平和，如果對方繼續發牢騷就離開，並且直率地告訴對方你為什麼要走。你享受你的人生，不想被拖進不幸的深淵。

長期習慣抱怨的人要脫離苦海，最好的辦法就是從事他們有興趣、能夠全心投入的活動。你可以抱著善意對他們伸出援手，但是如果你真誠的提議被拒絕，不需要感到難過，也不要坐在那兒聽那些「可憐人」訴說他們為什麼不能做這不能做那的藉口。

當一個「有包容心的正面挑戰者」，不要當犧牲者的犧牲者。一旦那些消沉悲觀的人發現你真的不願意加入他們的行列，他們幾乎沒有例外地會停止試圖拖你下水，諷刺的是，他們的陰鬱情緒也會開始消失。

用「不了解」使人受害的常見句子

下面是一些巧妙變化的版本，主題都是不被了解、不接受安靜有效的做法，你可能會觀察到自己和其他人常用這些句子使人受害。

- 「我不懂你為什麼做那些事。」

這句話在告訴你，你有責任讓自己被了解，而且在你被了解之前，你就是壞。

- 「你怎麼能做這種事？」

說話者不僅對你竟然敢做出的事情感到惱怒，同時也在試圖使你相信，你如果做出任何他不了解的事情就是不可原諒的。

- 「我從來沒聽過這種事。」

這是上面手法的延伸，加入了不敢相信的元素。加害者對你做的事、說的話等等裝出非常震驚的樣子，暗示每一個人（或「他們」）都會對這種事皺眉，所以你是錯的，之前錯了，現在仍然是錯的——因此你應該照著加害者說的做。

- 「像你這麼有頭腦、有背景的人，怎麼可能做出這種事？」

這類句子是前述手段的更進一步發揮，增添內疚的要素，並且用隱蔽的奉承加以調劑。

「我不只又驚又怒還很失望，因為在所有人當中偏偏是你……」

- 「我卡住了，你真的讓我很困惑。」

這類告白傳達的隱含訊息是：「你有責任為我解惑」。倘若加害者知道你無法容忍別人不了解你，就會用上這招。所以他卡住，你覺得有責任解救他，於是你就義無反顧踏進垃圾場裡。

- 「請再重新說一遍，好讓我了解。」

要是你乖乖聽話重述無數遍，就是讓自己受害無數遍。

- 「你應該要了解我有多痛苦。」

在此你被要求感覺自己很惡劣，因為你不了解別人有什麼感受。這種手法是「加害者不了解你」的相反，把責任推到你身上，責備你不了解別人。

- 「我不敢相信你現在要去做那件事，現在應該……。」

這個套路可以阻止你去做任何你碰巧想去做的事，例如慢跑、看書、睡午覺，因為加害者已經定好或現在臨時想到的行程所不允許。不管你要做什麼，其實並沒有那麼差勁，只不過加害者已經選好現在要做的事，如果你去做你想做的事，會造成說話者的困擾，讓他感覺不好

——這整個就是要你配合犧牲的把戲。這類要求往往會搭配：「你可以等明天再做，這次先跳過。」不用說，你有固定的慢跑計畫所以不想跳過，這個事實一點也不重要，因為加害者根本不了解你對這件事的執著。

- **「我不懂，才一小塊蛋糕能對你造成什麼傷害。」**

這一招是認定你應該放棄節食的堅定信念，只因為別人不了解你的決心。這句話也用來讓你保持相同的自我挫敗模式，因為加害者發現你很難掙脫這個模式。內含的訊息是：你應該做你不想做的事（變成犧牲者），因為別人想要你這樣做，或是因為別人不了解為什麼在那個情況下你和他想的不一樣。這一招也可以反過來用：「我不懂你怎麼能吃那塊蛋糕，你看看我，我都沒吃。」同樣的邏輯，只是用來達成不同的目標。

- **「你從來不告訴我你在想什麼。」**

這可能是在試圖讓你吐露關於自己的事，拋棄你對隱私的「神經質」需求。一旦你說出想法，對方就能緊緊咬住說你沒有權利那樣想。

- **「為我做那件事。」**

如果加害者沒辦法用「不了解你」的招數使你順從，就會退而用這種個人的請求，要你去做你不想做的事，因為這會使他們高興。

- 「你惹怒我了。」

你要提防別人用發怒作為「正當理由」使你畏怯，然後改變行為迎合他們。

- 「我要求道歉。」

這一招透過對你施壓要你說出不是你本意的話，或是透過把你逼到走投無路，從而控制你的行為：即使你想道歉，在這種情況下也不可能在道歉的同時不向要求道歉的人屈服。但是你要記住，並且也要準備好向對方指出：這種「勉強」的道歉沒有意義，因為並非發自內心。

以上是一些最常見的「不了解」加害類型。我從數千小時的諮商會談中擷取了這些例子，人們在這些會談中講述他們被欺壓使喚的故事，被偽裝成朋友、同事、鄰居、親戚的加害者詆毀貶抑。以下的一些具體對策可以用來反擊，抵銷「我不了解」的炮火攻擊。

對抗「我不了解」的安靜有效戰術

- 當你發現自己不想解釋的時候，就不要解釋。提醒自己和其他人：你沒有義務向任何人解釋你個人的行為，你的解釋只會出於你選擇要解釋，而不是為了滿足別人對你的期待。等到你教會其他人不要期待每次他們要求你就會做出解釋，他們就會停止提出這種無聊的要求。如果你樂於解釋當然可以盡量解釋，不過如果你感覺被強迫，就要拒絕被別人無理的要求所操控。

・別再繼續告訴自己你有責任讓別人了解你，你應該開誠布公告訴其他人：你預期有時候會被人誤解，但是誤解本來就是人類之間的自然現象，並不表示你或你們之間的關係有問題。遇到別人說不了解你，試著聳聳肩、笑一笑，想一想愛默生《自立》中的名言：「想要偉大就註定要被人誤解。」

・如果你完全不認識的人要求你「更清楚表達你的意思」，練習不要理他。告訴自己：就算你把想說的話繡在T恤上，那個要求你解釋的陌生人非常有可能還是不了解你，所以你可以放心被誤解，不必有任何罪惡感，也不必感覺自己做人失敗。你絕對有能力關上耳朵，把陌生人的言語攻擊完全擋在你的意識之外，就像不想聽的時候把收音機關掉一樣簡單俐落。有需要的時候，做一個安靜有效的「關機者」。練習「關掉」前面提到的加害句子，忽視陌生人的要求將會變得更容易。

・當你猜想對方要你解釋的要求永遠不可能得到滿足，乾脆單刀直入問他：「你認為你有可能了解嗎？」如果他回答是，就要他說說看他對你的行為是怎麼看的，正確的部分就表示同意。如此一來，了解的責任就從你的肩上轉移到他身上。

・同理，當你認為某人假借不了解你的招數使你受害，就要他精準重複你說過的每一個字，然後才能陳述他自己的意見。這個技巧的要訣是對方必須同意下列基本規則：

你說出你的看法，對方要注意聽，不能插嘴。然後他要重述你說的話，直到**你**認為正確無誤為止。等到你確認他真的把你的話聽進去了，就輪到他發表自己的意見，**你**必須認真聽，然後重述到**他**滿意為止。任何一方可以隨時告訴對方：「不對，你沒聽對」然後重說一遍實際說過的內容。

遵循以上的簡單原則，就能避免受害，還能大幅增進參與者的傾聽技巧。這種交替發言的練習完成幾次以後，將會大大提升你被了解的可能性。

・練習延後宣布你的成就，藉此達到安靜有效。給自己定下一小時、二小時或三小時的延遲，時間到了再問自己一次：你還有需要告訴別人嗎？當你要告訴某人的消息會使你顯得比他更優越時，先緩一緩的這種作法格外有幫助。這套方法之所以有效，是因為過了幾個小時甚至幾天以後，你不再感覺到急迫的需求要把自己描繪為勝利者，等到消息真的傳出去（如果有傳出去的話），你給人的印象也會是沉著謙虛面對自己的成就，淡然處之。

• 跟不懂禮貌的人在一起時，如果他們滔滔不絕講自己的事、大吹牛皮，或跋扈的態度使你不舒服，練習直接站起來告退離開。即使在餐廳這類地方，你也可以打破坐在原地「承受一切」的習慣。去散散步也好。這樣做不僅會讓你因為行使了部分控制權而感覺比較好，也教會那些討厭的同伴別在你周圍玩弄花樣，因為他們剛剛才見識到你不加解釋逕自離開。

• 搶先為同伴試圖拖垮你的行為貼上標籤。當你感覺某人想要拉著你一起不幸，你可以說：「我認為你的不幸在請求我的陪伴。」用不帶敵意的口氣說出類似句子，能讓潛在加害者明白你很聰明不會中招，同時你要求對方尊重你的智慧和你的坦誠，即使對方一開始可能會否認。

然後你可以告訴那個抱怨連連的人，接下來的一個小時內你不想再聽到任何關於事情有多糟的話。接著開始計時，一聽到冒出一丁點壞消息就立刻封殺：「我們說好的，一小時。」用這種溫和的方式提醒抱怨者，他可能從來沒發現自己是如此深陷於這種壞習慣，或許能鼓勵他開始戒除這個習慣。不管怎麼說至少能在一個小時、一天或你堅持定下的暫停期限內讓你得到解脫，不必聽千篇一律的煩人嘮叨。

•用行動讓其他人知道，你會堅持捍衛隱私。不要浪費時間**要求**別人讓你獨處，你想要為自己保留的時間儘管保留，態度要溫和堅定，但是**一定要做**。儘管去散步、睡午覺、躲在房間看書或做其他任何事，不要因為別人不了解你或給你貼上「宅」的標籤而被影響，輕易放棄你的隱私。

•別人給你貼標籤，你要學著接受這是很自然的事，不必為此沮喪。如果你被叫做怪胎、畸形、孤僻鬼或叛逆份子，不要顯露出苦惱的樣子，貼標籤的行為對你沒有影響的話，自然而然就會停止了。但是如同前面的所有例子，如果你對那些標籤感到羞愧，或是爭辯根本不適用於你身上，或是因此而生氣難過，都只會強化貼標籤的行為。

•如果有人開始對你發脾氣或試圖對你下絆子，你可以使用的對策是明白說出對方的感受。「你對這件事真的感覺很不好，你現在對我重述這件事，這樣我也會感覺很不好。」或「這一刻你並不了解我的想法，你生氣是因為我讓你失望了。」向對方表明你知道他們的感受，而且你不怕攤開來談。

•當某人堅持要你「吃下這個」，或是在你正要按照計畫做運動的時候露出不敢相信的表情，不要猶豫，堅定地告訴對方：「我在節食，不想吃任何東西。」或「我現在要去跑步」。拋開所有客套話，像是「希望你別介意」或「請見諒」或「希望沒有傷害到你的感情」，因為這些話是在發出進一步討論這件事的邀約，到最後你免不了吃下對方要你吃的東西，才不致於傷害他的感情或誰知道什麼理由。態度堅定，語氣要有說服力，別人將會尊重你的意願。

- 用「你惹自己生氣了」或「你在傷害自己」這類口頭陳述防止你的罪惡感滋生，把責任歸屬到應該歸屬的地方，也就是那個決定被惹怒或感到受傷的人。
- 如果你的某些朋友不喜歡另外一些朋友，你千萬不要因此感覺不好，快點甩掉這個愚蠢的念頭。很顯然這個世界上有很多人是你不會選擇當朋友的，那麼你為什麼會期待你因為個人獨特的理由選擇當朋友的人全都會自動選擇彼此當朋友？然而人們還是常因為幫朋友「撮合」失敗而擔憂或沮喪，不肯接受「友情化學反應」的自然選擇法則。

同樣的，當你的朋友拚命想讓你喜歡他們喜愛的友人時，你也不必因此而不愉快。你沒有義務和朋友的朋友或親戚的朋友分享感受，就算不分享也不會影響到原本的友誼。另外你要注意自己或其他人表現出的情緒，類似「她怎麼可能喜歡他？我覺得他很討厭」這種感想應該根除。沒有人應該為了交朋友的品味向任何人負責，或是屈於壓力為了討好某些朋友而抵制另一些朋友。如果你感覺有人用這種方式操控你，你照樣不必害怕指出對方的作為，或者你可以採用你能想到的最「安靜有效」的對策堅守立場。

・當你發現自己身陷危機，正在被誘拐加入你不想要因此而受害的爭論，試著宣告：「我剛才決定不要爭論這件事。如果你堅持要吵，那就自己吵吧。要嘛我們好好跟彼此談，要不然我不會參加。」你的辯友可能會被這種誠實到厚顏無恥的心理休克療法嚇到目瞪口呆，你必須堅決拒絕爭辯直到完成使命，即使不得不出走結束對話也在所不惜。

・如果你已經盡量跟你的「對手」講道理卻徒勞無功，你要學著拋棄理性，從別的方面下手。

我有一個朋友叫做吉姆，有一次遇到女交警要開他罰單，吉姆申訴說他停車位置的計時器壞掉了，女交警一眼就可以看出來計時器壞掉，但卻辯說計時器壞掉的車位不能停，吉姆當初應該停在別的地方。

吉姆跟她講道理，告訴她停車位是服務大眾的，不能只因為計時器碰巧故障就剝奪民眾完全合法的停車空間。這套道理他仔細解釋了三遍，但是每一次女交警的回答都顯示她根本沒聽進去。

最後吉姆拋棄了邏輯和理性，改為哀求女交警行行好，他**錯了**，但是拜託別開單。這一套合了女交警的胃口，她需要聽到吉姆承認自己是錯的，這樣她就能確立對吉姆的控制權。吉姆要求她放過他的「錯誤」，她同意了，吉姆就開車回家了。

吉姆本來可以繼續「抗辯」，他的信念並沒有改變，但是爭到最後他只會淪為「邏輯的犧牲者」，被迫請假一天，為了抗議十美元的罰金上法庭，在法庭上他還會進一步受害於整個官僚機制，而他早已學會盡量避免跟官僚打交道。他選擇了實際的解決方案，也就是放棄講道理，小小發揮了演技，這個辦法顯然得到了最佳效果。

- 在上司、權威人士等人面前，不要試圖證明自己比較厲害。讓他們感覺他們握有想要的權力，讓他們認為是**他們**在談話中佔了上風，你只要安安靜靜心裡明白是怎麼回事就好。

老闆們不喜歡被證明是錯的，知道這一點你就能避免很多麻煩。就算你的靈魂在吶喊著，關於這個程序或那個升遷決定等等你的看法是對的，你也不要當著老闆的面說：「我認為你真的搞錯了」，這會使老闆為了維護自己的尊嚴而**不得不**跟你對戰。本書最古老的謀略就是讓老闆認為是**他**提出你想要的建議，特別是關於**你的**加薪和升遷之類的事。這並不意味著要你當個軟弱的應聲蟲，只是要你考量自身最大利益擬定有效的策略，要做到這一點，你需要知道何時該安靜不出聲，何時該大聲表達想法。

• 停止做那些你不喜歡的小事，你做那些事只因為**他們**不會了解你為什麼不肯做，例如親吻你並不想親的親戚或認識的人。下次不要做就對了。如果他們想要討論這件事，你可以用前面列出的策略，有很多對付不了解你的人的策略任你使用，但是在對方要求討論之前，停止做就對了。試一次不要去瑪麗安阿姨的無聊茶會，看看會發生什麼事。如果其他人堅持或試圖強迫你，你同樣可以用前面介紹的策略，但是首先你要開始堅持自己的權利，你有權決定你的身體要在哪裡，畢竟那是你的身體，你沒有義務把你的身體放在不想或不必在的地方。

• 停止為自己、為自己的行為道歉。當你做出你自己或其他人不喜歡的事，不必感到難過愧疚，只要從中學習就好；如果有傷到人，就向對方宣告你會努力不再做出那種行為，然後繼續過日子。另外你要記住，別人不了解你的時候你沒有責任感到抱歉，向他們道歉就是把他們的責任攬在你自己身上，是在教他們繼續不了解你、不了解你的動機。

老是說「對不起」可能會變成糟糕的受害者習慣，反射性「承擔所有罪責」。我曾經在地鐵上看到一個女的，陌生人踩到**她的**腳，她卻說「對不起！」

• 如果你沉迷於分析人際關係的每一個細節，什麼都要分析個不停，你應該下定決心停止，「放手」一段時間，讓自己從努力詮釋每一個行為、動機等等的強迫性需求中解放。執著於分析本身可能變成一種病，不再是解決問題的有用工具，不只一段美好的關係就是被分析到死的。別被想要改善關係的念頭沖昏了頭，搞到一段關係只剩下努力改進，到這個地步恐怕連維繫都有問題還談什麼改進。

- 如果不揭露某件事對所有相關的人更好，如果揭露了會侵害你的個人隱私，那就不要揭露。要是無法拒絕，那就盡量掩蓋，能遮多少算多少，不要覺得沒有說出全部真相是在說謊。提醒自己，你有權隱瞞個人資訊，特別是當你覺得對方根本就沒有權利向你提出這種問題的時候。

結語

在自己的家鄉你永遠當不成先知，永遠不會被每一個人了解，如果你感覺必須向其他人證明自己，那你將幾乎永遠是個犧牲者。安靜有效的生活意味著你能夠對這個世界眨眨眼假裝沒看見，心裡知道你達成了想要的目標，知道你的內心夠自由，不需要告訴其他任何人求認可。想讓別人完全了解你無異於水中撈月，倘若你能認清這一點，就會停止需要被賞識，安享此時此刻，讓你的人生過得更好。杜斯妥也夫斯基（Dostoyevsky）就很明白這個道理，他在《卡拉馬助夫兄弟》（*The Brothers Karamazov*）寫到：

人們抗拒先知並且屠殺先知，但是人們愛殉道者，並且在殺死殉道者以後給予尊榮追封。

所以你何必允許自己被殺害，即使是心理上的屠殺？更重要的是，你為什麼要等到死後被紀念？你可以決定活在當下，接受不是所有人都能一直了解你。選擇權完全在你。

第 6 章　想要怎麼被對待，就要教別人那樣對你

很多人對陌生人比對自己和所愛的人還要更好。

你受到別人怎麼樣的對待？是否一再被欺負、使喚？你是否發現別人會占你便宜，或是不把你當成值得尊重的人？別人做計畫的時候是不是問都不問你，直接假定你會配合？你是否發現自己在扮演不喜歡的角色，只因為生活中其他所有人都預期你和他們採取同樣的行動？

我常聽到朋友和諮商當事人發出上面這類感嘆，他們感覺自己在數不清的方面受害。我通常用同一句話回應：「你教別人怎麼對你，別人就會怎麼對你。」

如果別人對待你的方式讓你感覺受到傷害或被利用，你應該檢視自己的思想和行為，想一想你為什麼允許甚至鼓勵你所抱怨的事情發生。首先你必須認清楚，你必須為別人怎麼對待你負起責任，否則你將持續無能為力做出任何改善。

二千多年前的古羅馬哲人愛比克泰德言簡意賅地闡明了上述概念：

冒犯我們的並非做出那件事的人，而是因為我們認為那件事是侮辱人的；因此當別人使你生氣的時候，其實是你自己的想法使你生氣。

這段古人的話語中蘊含著人生最重要的一課，本章的詳細說明讓這段話更符合今日的情境，最根本的道理則是歷經千年不變。你情感受傷不是因為別人對你做了什麼，而是因為你選擇如何應對別人的行為。只要改變你的態度和期待，很快你就會發現欺負你的行為停止，你不再處於犧牲者的地位。

「教會別人」怎麼對待你

別人如何對待你，很大程度取決於你的忍受度。如果你凡事「逆來順受」，長久下來傳遞出的訊息就是：你不會抗拒欺凌。

這件事的運作原理並不複雜，只要你傳遞出不容忍任何欺凌的訊息，並且用有效的行動支持，欺負你的人就得不到他們預期得到的好處，也就是看到你動彈不得任由他們擺弄。但是倘若你乖乖接受他們的操控，或稍微抗議一下然後束手就範，那就是在教他們繼續把你當成可以隨意傾倒垃圾的廢物堆積場。

蓋兒來找我諮詢的原因是她感覺丈夫太過強勢，毫不留情地控制她。她抱怨自己像個隨人踐踏的腳踏墊，承受丈夫的辱罵和操控伎倆，三個孩子都不尊重她，她難過絕望到了山窮水盡的地步。

從她的描述中，我聽到一個從小就允許自己成為犧牲者的典型案例。她的父母總是代替她發表意見，並且堅持每一件事都要照他們的話做。她的父親特別霸道，從她成長階段一路到結婚，父親始終牢牢監管她的行為。而她找到的結婚對象「碰巧」跟她父親有如一個模子刻出來的，於是婚姻再次讓她陷入同樣的犧牲者困境，她的生活就是讓別人代替她發言、告訴她去做什麼，她只能默默忍耐，沒人願意聽她說話。

我向蓋兒指出，是她教會別人這樣對待她，雖然她很愛把自己的痛苦怪罪到「他們」和其他每個人的頭上，但這根本不是「他們」的錯。蓋兒很快領悟到，這麼多年來她忍受一切欺侮，從來沒想過有效的對策，其實是自己一直在害自己。一旦她認清楚這一點，知道責任其實在她自己身上，她必須向內而非向外尋求問題的解決之道，諮商的重心轉變為協助她學習新的方法，教會其他人改變對她的態度。首先我向她演示了我的「空手劈」理論，內容大致如下。

「空手劈」理論

回想你的配偶第一次對你做出不當言行的經驗，不論是大聲喊叫、發脾氣、打你或其他行為，總之就是使你不舒服的行為。

很有可能你想到的事件發生在結婚之前，或是生小孩之前。想像自己回到當時的情境，未來夫婿的虐待行為讓你大吃一驚，因為這是他第一次那樣做。

接下來假想你沒有呆在原地、怕的不得了或淚眼汪汪，而是舉起你的手給對方看，告訴他這隻手是登記有案的武器，對著他的肚子狠狠賞一記空手劈，然後撂下話：「我不接受你這種虐待行為。我把自己看作有尊嚴的人，我絕對不會讓你或其他任何人騎在我頭上。下次還想再做這種事，你最好先仔細考慮清楚。我話就說到這兒了。」做完這些之後，你可以開始好好和對方講道理。

上面的想像情境看似荒唐，但卻勾勒出重點：要是你打從一開始就表現強勢，堅決不容忍任何欺侮，就能一次徹底教會你的伴侶非常重要的一件事：你絕不會縱容這種卑劣的行為，一秒也不。

但你當時的反應大概與此截然不同。不論你是哭泣、表現出受傷或受到侮辱的模樣，或是害怕，都傳達出一則致命的訊息：你不一定喜歡他對待你的方式，但你會忍受，甚至更重要的隱藏訊息是，你會允許自己在情感上受到這種方式的操控。

聽完我的理論，蓋兒的反應是：「我永遠不可能用像你說的那種方式做出反應！」起初她想要為自己的困境辯解，說她的犧牲受害完全是丈夫和子女的錯，她想讓我同情她，陪著她一起難過痛苦。我反覆強調「空手劈」的方法不需要使用暴力，包括身體或任何方面的暴力，重點是產生心理衝擊，她可以用其他方法表明絕不姑息的態度，像是離開房間、拒絕跟對方說話，或甚至報警。蓋兒開始了解我的意思，很快接受了事實，她確實教會身邊幾乎所有人她願意當個「受氣包」，她決心從這一刻開始改變。

蓋兒要培養的新行為是教導丈夫和子女不要把她的付出視為理所當然。她花了一些時間傳遞這個訊息，因為加害者才不肯輕易放棄控制權；但是蓋兒意志堅定，贏得了大多數的戰役。孩子們不尊重她的時候，她的反應是提高音量，堅決要求他們去做該做的家事，去做他們之前偷懶丟給她的工作。孩子們剛開始很震驚，他們從來沒聽過媽咪大聲說話。蓋兒拒絕在指定的日子當司機接送小孩，讓他們自己想辦法，要嘛走路，要嘛騎腳踏車或找人開車載他們，否則只能放棄參加活動。

蓋兒的小孩很快學到媽媽不再是那個有求必應的犧牲者——她不是用吼叫教會了他們，而是用新的行為模式和毅力讓他們學會守規矩，不管他們有多努力嘗試使她感到內疚。

蓋兒也發展出一套新方法教會丈夫應該如何對待她。她的丈夫愛用的一招就是對她發脾氣，或說一些不好聽的話，尤其是附近有其他成人或他們的孩子聽得到他說話時。以前遇到這招她總是束手無策，因為她不想把事情鬧大變得很難堪，所以她只能尷尬地閉上嘴乖乖聽話。她的第一項功課就是挺直背脊，用同樣大聲的音量對抗丈夫，然後離開房間。

她第一次嘗試這樣做的時候，她的丈夫以及在場的每一個人都驚呆了。老好人蓋兒竟然回嘴？他們不敢相信。她的丈夫搬出經典的內疚攻擊台詞：「聽到媽媽這樣說話，孩子們會怎麼想？」

經過數個月的練習，蓋兒學會更有效的行為，她很高興地回報，家中每一個人真的都對她不一樣了。他們曾經用一些方法試圖阻止她，像是給她貼標籤說她自私、壞心，跟她說：「媽咪，妳不應該說那種話」、「如果妳愛我們，就不會這麼小氣。」但是蓋兒沒有中計，在她的無視之下，這些計謀把戲迅速消失。

行動的效果遠勝過言語

「只有行為是可以信賴的，言語再多也只是空談。」五百多年前的西班牙作家費南多・羅哈斯（Fernando Rojas）這樣說過。如果你妄想透過促膝長談讓對方了解你拒當犧牲者的這則重要訊息，唯一得到的回報將是你和加害者之間來來回回的你一言我一語，而冗長的討論往往是加害者愛用的工具。「好啦，我們談完了，我懂了，你不希望我再對你做那種事。」但是等到下一次同樣的問題跳出來，整段討論都被忘光光，結果你再次得到同樣的待遇。要是你再找對方談一次，彼此再次同意事情得到解決，就是讓自己陷得更深，困在言語的陷阱中無法脫身。你可以和其他人進行很多「溝通」，但是除非你學會採取有效的行動，否則依然會被耍得團團轉，依然只是談個不停沒有進展。很多人是對治療師講個不停，治療師則是聽著當事人說著一個又一個生活中遇到的受害糟心故事——其他什麼也沒做，僅僅是談了又談而已。

心理治療應該要能夠啟發新的**行為**，減少無意義的閒談。如果你只是**隨便找個人**訴說你的感覺有多差，然後那個人除了安慰和同情以外沒有給你其他任何東西，那你就成了雙重受害者，第一重是來自加害者的迫害，第二重迫害來自那個你付錢讓他同情你的人。

全世界最有效的老師就是行動。彰顯你的決心的行動，勝過千萬句好言好語。你可以去觀察小孩子如何應對霸凌，霸凌者會威嚇個子比較小的孩子，十個受害者當中有九個會哀求、哭叫、吶喊，或是向大人告狀，但是霸凌仍然持續。第十個孩子或許塊頭比不上霸凌者，但是會出手反抗，讓霸凌者嚐到厲害，於是霸凌者在心裡記下了：「那個傢伙會還手，雖然我比他大，但是我不想再被踢，而且追著他跑很丟臉……不如下次放過他，挑個好欺負的乖乖牌吧。」

要教會別人不欺負你的唯一辦法，就是你的行動。站起來承擔風險，儘管有可能「被打回來」，但傳遞出了你不願意被欺負的訊息，讓對方知道你不會默默忍受。遇到在任何方面欺壓你的人，動聽的話語和承諾全都不管用，行動才是正解。

湯瑪斯・卡萊爾（Thomas Carlyle）說過：

如果你不想要一個人做某件事，最好的辦法就是讓他多談論那件事，因為人就是談得越多越可能什麼事也不幹。

每當你想要向人解釋你希望得到什麼樣的對待，問問自己：你的解釋真的有任何作用嗎？對一個根本不在乎你怎麼想的銷售員說再多，是不是在浪費精力？你的孩子是不是對你的話左耳進右耳出？你的配偶是不是安靜聽你說話，然後我行我素繼續去做你再三反對的事？下面舉出三種範例情境，言語是沒有用的，唯有發揮創意採取行動，才能得到想要的待遇。

1. 親子之間。蔻琳有三個小小孩，她常覺得被小孩搞得很煩，從早到晚對他們唸個不停，卻似乎沒有一句聽得進去。

蔻琳和家人來到海灘度假，老公自得其樂很開心，但因為媽咪已經教會孩子們她會仲裁每一場紛爭，於是出現了這段對話：

「媽咪，比利對我丟沙子。」

「比利，馬上給我住手。」

三分鐘後：「媽咪，比利潑我水。妳叫他不要那樣。」

「去跟你爸說。」

「我說了。爸說他不管，叫我來找你。」一類似這樣的對話可以無窮盡持續下去。每個孩子都來找蔻琳告狀，要求她關注。儘管蔻琳費盡口舌，責罵抱怨通通來，卻始終教不會孩子們照她想要的做。

在超市裡，最小的孩子要求投幣買泡泡糖，蔻琳不答應，於是孩子一直鬧脾氣到蔻琳再也受不了而讓步。傳達的訊息是：「如果你想要什麼東西，不用問我，發一頓脾氣就能如願。」蔻琳花了大把時間和孩子溝通，但是他們從來不聽她的話，因為她說的話與現實不符。

蔻琳可以用行動取代言語來教育孩子，或者可以先好言相勸再行動。孩子要求她仲裁糾紛時，她可以消失。沒錯，我是指實際離開現場，讓他們自己想辦法解決。她可以躲進浴室鎖上門、出門去散步（如果孩子夠大可以獨自留在家），或想其他辦法脫身。再不然她可以直接說：「這一次你們自己解決」，然後不理他們的抱怨。

她也可以不理會最小的孩子在超市鬧脾氣，用這種方式教會她，媽咪不會因為怕丟臉而接受被操弄。

沒有大人在的時候，孩子們自己解決問題的能力可厲害了，而且當他們知道大人不會管他們，或是要求大人仲裁對自己沒好處的話，不太會要大人出面。大人不要老是介入仲裁對孩子也有好處，是在教他們獨立思考，依靠自己的力量解決問題，也是在教他們不要操弄其他人。蔻琳所抱怨的孩子們的行為，絕大多數是她自己造成的，因為她和孩子們溝通完全只依靠言語而沒有行動。

2.夫妻矛盾。喬治和老婆的性生活不美滿，他和老婆談到說破嘴皮還是沒用，她就是不肯做出他想要的行動。

每次行房之後，喬治通常會抱怨，或是告訴老婆他有什麼感受，但是她似乎聽不懂。她的目標是盡快完成性行為，喬治則是想要她更積極表現興奮，做一些不同的嘗試，而不只是行禮如儀。但她一直沒學會喬治想要如何被對待。

其實喬治可以不用說一個字就教會老婆新的行動方式，他可以把她的手放在他想要的地方，可以放慢自己的動作讓整個過程減速，也可以實際演示技巧取代嘴上空談。

在性方面受到的對待不滿意時，把你的不滿拿出來談或許不是什麼壞事，但要注意措辭，以免沒解決問題反而引發更多問題。最好實事求是，專注於追求你想獲得的東西。如果親熱的過程總是太快，那就用行動展現出放慢速度花更多時間能讓雙方得到更多樂趣。如果沒有得到高潮，那就想辦法讓伴侶知道你想要怎麼做，記得是透過有效的行動而不是透過討論讓對方了解。

倒不是說伴侶之間的口頭溝通應該受到譴責，而是在言語無法有效傳遞訊息的時候，你應該尋找別的途徑得到你想要的對待。

3.受虐的妻子。打老婆的情況在現今社會太過普遍，任何曾經從事大量家庭治療的治療師都能證明這一點。如果女性能學會用行動而非言語去應對這類情況，家暴將會減少許多。

瑪莉受丈夫的肢體暴力虐待已經三年了，瘀青腫脹新傷疊舊傷，甚至斷過幾根骨頭。每一次動手之後，丈夫總是道歉連連，發誓絕不再犯。瑪莉試過抱怨、哭泣、拼命祈禱，然後坐等奇蹟發生。但是等到丈夫再次暴怒發作，她又再次挨打。

有一次被打出特別嚴重的黑眼圈以後，瑪莉終於決定離家出走三天。她沒有打電話解釋她去了哪裡，甚至沒讓丈夫知道她在哪兒落腳，直接帶著二個孩子住進了汽車旅館。她的目標是教會丈夫，她不會再忍受肢體虐待，如果再次發生，她就會搞失蹤。

她和孩子不在家的三天，丈夫急瘋了。等他們回家，丈夫埋怨了一大串，但他開始學到一個寶貴的教訓：打瑪莉，她就會消失。

後來瑪莉的丈夫確實又揍了她一次，這一次她消失了一個星期。有必要的話，瑪莉準備好從他的生命中永遠消失，不過她沒有花費心力和丈夫長談，而是直接宣告。這個時候她丈夫已經意識到，儘管瑪莉很愛他，但是比起維持三不五時挨揍的婚姻狀態，對她而言活下去要來得重要許多，所以丈夫「決定」必須控制脾氣。瑪莉對丈夫的虐待行為採取激烈的反應，成功教會丈夫她想要的對待方式，從此瑪莉不再受虐。

以上是一些非常具有代表性的經驗，或許你也曾在生活中遇過；這些例子讓我們清楚看到，當你需要教育別人而言語被當成耳邊風的時候，不需要違背你的道德良心，也不需要做與你個人價值觀相牴觸的事。正如易卜生所言：「千言萬語給人留下的印象不如一次行動來的深刻。」所以請你開始採取建設性的步驟，在言語無效的時候立刻拋棄這項武器，改為開發有效行動的兵器庫，說到就要做到，朝向教會別人如何對待你的目標邁進。

你對喝醉酒的人有什麼期待？

人們常給自己挖的另一個坑更沒有邏輯可言，那就是對別人有完全不切實際的期待，然後在別人做出不符合期待的事情時驚怒悲憤。這種自己害自己的期待包括：希望別人學會不可能學會的事，或學會不是你該干涉的事，一個典型的例子是許多人對喝醉酒的人所做出的反應。

前面來了一個醉鬼，你注意到他並且斷定他喝醉了，你非常清楚喝醉的人是什麼樣子。要是你因為這個醉鬼發酒瘋而生氣，請問是在哈囉？你是不是和世界脫軌了？到底是誰的頭腦比較不清醒？是那個表現像個醉鬼的醉鬼，還是期待醉鬼表現像正常人的你？如果你預期大部分醉鬼會有胡言亂語、動作不協調或諸如此類的表現，那麼當今晚遇到的醉鬼做出這些行為的時候，你就不應該感到意外，應該採取相應的行動：不要理他，走遠一點，或任何其他有效的策略。如此就能避免在任何方面受到牽連影響。

很多人因為這種「期待醉鬼表現清醒」的心態而受害，類似的例子包括：

- **「我老婆很文靜。她不肯對我多說一些話讓我很苦惱。」**

你期待一個文靜的人怎麼樣？發出很多噪音？如果你的配偶個性內向安靜，當他的表現一如你的預料時，你卻要為此不高興，實在荒謬。

- **「我的小孩不太愛打球。他體育這麼差讓我很苦惱。」**

你為什麼會期待一個不喜歡追著球跑的人能夠打得一手好球？是誰比較瘋？是做出你預期表現的小孩，還是期待不愛動的孩子變成運動健將的你？

- 「我那個女婿老是遲到。每次他遲到我就很苦惱。」

類似的清單顯然可以一直寫下去，沒有盡頭。重點是你要不要開始教其他人革除造成你困擾的習慣，你要教他們，你不會因為他們表現一如你的預料而讓自己感覺受傷或不知所措。

有效主張權益

很多人以為主張自我權益會招人討厭或使人不快，其實並不會。主張權益意味著勇敢、自信地宣告捍衛自己的權益，或是宣告拒當犧牲者的立場。

你可以學會不惹人厭的反對藝術，也可以用不冒犯人的態度為自己發聲。如果說你怎麼教別人對待你就會得到怎麼樣的待遇，那麼欠缺維護自我主張的堅定意志將使你註定得到犧牲者的待遇。

能夠掌控自我達成目標的人，遇到威脅時不會害怕冒險起而反抗捍衛自己的權益。他們已經學會對抗內心的恐懼，或許他們並不「勇敢」，但是態度堅定，面對潛在的加害者絕不願意退縮。從另一方面來說，你愈是避免堅定主張權益，愈是教會其他人你甘願為他們犧牲奉獻。

下面有一些故事，是我的諮商當事人在刻意練習堅定主張權益的過程中得到成功的經驗。

• 露薏絲帶著五歲的兒子到銀行辦事，兒子突然想上廁所，露薏絲就問銀行職員：「請問能不能借用一下廁所？我兒子很急。」銀行職員回答：「抱歉，廁所僅供員工使用。」露薏絲可以怎麼做？自認倒楣然後讓兒子尿褲子？趕快衝去附近的加油站找廁所？或是其他可能使露薏絲和兒子受害更深的替代方案？答案是以上皆非，她大步走向經理說出她的主張：「我兒子內急，我想要借用你們的廁所，現在就要。剛才職員已經拒絕過我，要是你也拒絕，我永遠不會再跟這家銀行往來。」露薏絲立刻得到了使用廁所的許可，經理還為職員的遲鈍反應道歉。結論：你怎麼教別人對待你，就會得到怎麼樣的待遇——站穩立場，你就不會淪為犧牲者。

• 查理走進一家店，要求店員幫忙換零錢好去投停車計時器，店員語氣暴躁：「你以為我們開的是什麼店？換零錢服務嗎？我們開店是要賺錢，不是要換零錢。」查理馬上勇敢回應：「很明顯有事情讓你煩心，我要求換零錢剛好撞在槍口上了。如果你能破個例給我零錢，我會很感激，也祝福你愈來愈順利。」店員的反應讓查理震驚，不僅幫他換了零錢，還道歉說：「剛才對你那麼大聲真是不好意思，我過得彆不順的。你別在意啊。」要是查理被拒絕就摸摸鼻子走人，他就會變成一個沒有零錢只能生悶氣的受害者。一個簡單的動作，說清楚自己的主張，扭轉了整個局面，後來在諮商會談中報告這件事的時候，查理對他新發現的技能感到欣喜若狂。

・派蒂的丈夫帶了一隻小狗回家，告訴她現在「他們」有二隻狗了。然而丈夫卻希望「派蒂」負責清理大小便、餵食、訓練狗狗守規矩，還要忍受狗狗在她心愛的廚具、櫃子和裝飾板等地方磨牙。派蒂過去的行為教會丈夫，她會無條件接受丈夫丟給她的這類討厭雜事。

派蒂的解決辦法是，平靜地告訴丈夫歡迎他養另一隻狗，但這是他自己一個人的決定，所以養狗的責任在他身上。然後她拒絕幫狗更換廁紙、不准狗進廚房、也不帶狗去散步。二天後，丈夫把小狗送回寵物店，他從派蒂堅定的行為學會了應該如何對待她。

・莫瑞決定戒酒，在諮商會談中他被指出有接近酒精成癮的跡象，他決定自我約束。可是朋友卻扯他後腿，從他們在夜店的對話可以看出來：

「莫瑞，來杯啤酒吧。」

「我不想喝酒。」

「少來，別掃興，喝一杯。」

「不要，謝謝。」

朋友對酒保說：「給他一杯啤酒。」

「不要，**謝謝**！」

再次對酒保說：「給我的朋友莫瑞一杯啤酒。拿去，莫瑞，你必須喝！我已經幫你付錢了！」

「你愛付錢買什麼是你的事，我還是不喝。」

莫瑞拒絕做出自我毀滅的事，也就是喝酒，任憑朋友們變著法兒嘗試拖他下水，他依然用堅定的自我主張教朋友應該如何對待他。

• 愛黛兒總是為整個家族的聚會烹飪感恩節大餐，從來沒有任何人幫過一點忙。她向來不喜歡這件差事，但是不知道怎麼搞的，聚會越搞越盛大。她要花時間和精力準備餐點、把家裡從上到下打掃乾淨、負責供餐上菜，聚會結束以後還要清理，花的錢更是超出她所能負擔，卻連最微薄的謝意都沒有收到。感恩節假期感覺就是她的受難日，每次過完節她就會陷入一個星期的憂鬱，發誓絕對不讓這種事再次發生。然而過了二十二年，她還是在做同樣的事，只因為別人這樣期待。

但是有一年，愛黛兒在十月十日寄出一封信給全體家族，通知他們一項新慣例：感恩節大餐將在市中心一間美麗的餐館舉行，每個家庭各自負責預約自己的席位，吃完飯大家可以一起去聽音樂會。每個人都認為這個點子很棒。過去三年愛黛兒不再有感恩節憂鬱症，開心度過了這個曾經讓她如芒刺在背的節日。主張自我權益的行動不僅為愛黛兒贏得勝利，也讓相關的每一個人得益。

・艾琳和哈洛德發現他們家被一個認識的人當成避難所，打擾到他們的生活。這個朋友山姆不打招呼就自己跑來，纏著他們講上好幾個小時，談他失敗的婚姻，還有其他悲慘的故事，只要他們肯聽他就一直說。

起初艾琳和哈洛德不想傷害山姆的感情，所以不敢說出真正的感受，他們寧願說謊，寧願自我犧牲陪伴朋友，也不願意讓客人不愉快、雙方鬧僵等等。但是過了二個月，艾琳再也受不了，終於開口告訴山姆，她**不想**聽山姆悲慘的生活細節，希望山姆不要每次需要聽眾的時候就闖入她家。

從那一刻起，山姆不再踐踏他們的友誼。他開始先打電話詢問再來拜訪，而且造訪的頻率也降低了。艾琳主張自我權益的行為教會了山姆她想要的對待方式，正如同她原本膽小的行為教會山姆可以隨意想來就來打擾他們夫妻。

・湯尼和銷售員打交道的時候總是很怯懦，常會因為怕傷害店員的感情而買下他並不想買的東西。在練習更有自信地表達自我主張的過程中，湯尼去買鞋子，他看中一雙鞋，請店員包起來，就在店員把鞋子放進鞋盒裡的時候，湯尼注意到其中一隻鞋有一道小刮痕。他壓下立即湧上的「算了吧」衝動，對店員說：「請給我另一雙鞋。那雙有一隻刮傷了。」

店員的回應讓他驚訝：「好的，先生，馬上換。」這次的經驗讓湯尼得到一雙完美無瑕的鞋子，也讓他深刻認識到，只要說出自己的主張，就能輕易避免受害，不管是多小的損害。

這起事件成了湯尼的轉捩點。他開始在生活各方面練習自我主張的行為，他得到的回報早已遠遠超出一雙沒有刮痕的鞋子。他的上司、妻兒朋友都在談論全新的湯尼，一個不會「逆來順受」的湯尼。湯尼不僅更常得到他想要的東西，而且還得到其他人和他對自己無法估量的尊重。

被你教會欺壓你的一些常見類型

下面是一些常見的潛在加害者類型，並且附上一些相關說明，你可以如何評估是否有辦法教這類人學會你想要的對待方式。你肯定會發現其中很多類型曾經在過去讓你受害，如果你對自己夠坦白，還會注意到你自己屬於其中某些類型的加害者。

1.醉鬼和癮君子。你可能沒辦法或不想教那些喝酒嗑藥到「茫」的人。他們很難長期記住什麼東西，但是短期而言你還是能教會他們不可能靠侮辱人的伎倆從你身上得到任何東西。喝醉或「正在嗨」的人可能想要抓住你說個不停、跌跌撞撞拉拉扯扯或流口水等等，但如果沒有得到反應，通常會改找別的目標。如果你被「堵」的反應跟家具一樣冷淡，他們就會往別處去找「活的目標」；就算他們不走，你也可以自己走開。

2.話癆。遇到喋喋不休只顧自己說話的討厭鬼，如果你有禮貌地一面點頭一面聆聽只敢偷偷咬牙切齒，就是在教對方繼續做你痛恨的行為。不過話癆鬼通常或多或少意識到自己對你的迫害，當你表明你知道如何掙脫他們的掌控時，他們往往會收斂一些。或許你可以用堅定溫和的態度提醒對方：「嘿，你知道嗎，你已經連續說了十五分鐘，而且完全沒注意到我並不感興趣？」放輕鬆，不要只是呆坐聽到耳朵長繭。

3.愛發牢騷抱怨的人。對那些把你當成垃圾桶任意傾倒抱怨、碎碎唸的人，你可以讓他們體認到：沒有願意配合的犧牲者他們就沒戲可唱。只要讓他們看到他們對你的「掌控」根本不存在，就能教會他們很多東西。

4.霸凌者。不管是為了「好玩」或其他原因而欺負別人的霸凌者，委婉含蓄的表達對他們很難起作用，通常需要非常果斷的行動才能教會他們你不會默默忍氣吞聲。

5.過度熱心的主人。做客的時候可能很難拒絕主人的要求，不得不玩不想玩的遊戲、吃不想吃的東西，或是做其他「有禮貌的客人」該做的事。不過只要採用「安靜有效」的正確策略，就能迅速教會主人「禮貌」必須是雙向的。

6.愛吵架的人。為了避免捲入不想參與的爭辯，通常必須拒絕全盤跟著對方的計畫走。想要挑起爭端的人之所以能夠得逞，是因為受害者很容易被引誘加入一開始的對話，然後讓自己被接下來的謾罵給困住。對付這種人的祕訣就是維持從情緒中抽離，就能順利實施前面介紹過的對策。

7.吹牛皮和愛編故事的人。不要「反吹」回去，也不要陷入意氣之爭，比賽誰說的故事最臭最長最讓人想打瞌睡。只要你不參與，擺出厭煩無聊的樣子就能教會別人該知道的事。

8.愛說教的人。這類人熱愛教訓你為什麼不應該這樣或那樣做，脫口而出就是宣揚他們信念的道德說教，認為你應該跟他們有同樣的想法、感受和行為。除非你教他們認清他們並沒有立場用這種高高在上的態度控制你，不然他們的說教將永遠持續下去。

9. **愛插嘴的人**。對那些沒辦法等談話告一段落就硬要插嘴發表自己意見的人，必須教他們有點耐心。如果你也打斷他們的話，就是認同「聲音最大、最堅持的人有發言權」的規則。但如果在被打斷的瞬間，你用突然陷入「震驚的沉默」來回應，就能讓對方意識到自己的行為，一般人大多會向你道歉。要是對方沒有察覺你的暗示，接下來你可能必須強硬一點說：「這是你第十次打斷我了！你就不能等到我說完再說嗎？」除非那個人就是想要找你麻煩（如果是這樣，你知道該怎麼做），否則大多會努力遏制愛打岔的習慣，雖然可能還是需要你繼續善意提醒。

10. **以嚇人為樂的人**。如果你會被不雅的語言、黃色圖片、笑話、怪怪的故事或其他東西嚇到，這類人就會故意拿這些東西嚇你取樂。為了讓他們知道這招對你沒用，你必須處變不驚，有必要的時候應該讓他們知道，你認為這種行為很幼稚。

11. **騙子和花言巧語的人**。這些人一點也不在乎你（雖然他們假裝在乎），只想從你身上撈好處。教育這類人唯一有效的工具大概就是「謝謝不聯絡」。

12. **仇恨者**。這類人仇視或怨恨你做過的事情，試圖用這種方式操縱你，使你受害。唯有教會他們，你不會讓他們的仇恨影響你未來的決定，他們才會罷手。試著說明清楚你的立場，如果沒用，就改用第五章介紹的「對付不了解你的人」的對策。

13.打小報告和告密的人。你會受威脅，完全是因為你認為別人對你的看法比你自己的看法更重要，或是因為你對「可能會怎樣」懷有莫大的恐懼。很多時候聳聳肩，簡單一句「那又怎樣？」就能教會「抓耙子」你不受脅迫。記住，在這類人的眼中威脅或許有用，但其實告密十有八九是無效的。

14.固執己見的人。堅持一定要你按照他們的意思做的那些人，很難被言語說動。面對他們的死纏爛打軟硬兼施，唯一的對抗之道就是裝聾作啞，拒絕動搖。

15.內疚推銷商。坐地起價想要把內疚賣給你的那些人，通常索求的價格是對你的操控，只要幾次強硬的「謝絕推銷」，他們就能學會不向你兜售。如果你願意，可以向他們解釋為什麼你覺得這筆交易很爛，不過別期待光靠動嘴就能讓他們停止推銷。

16.喜怒無常的人。如果別人情緒不佳會影響到你，你的獨立自主（更別提幸福快樂）可能因此被妨礙，使你成為犧牲者。盡量保持你想要維持的心情，告訴對方他們的痛苦不需要你來作陪，你也不需要他們陪著受苦；問問他們是否認為二個人一起在悲傷中打滾會勝過一個人？但是說到底，你一定要做好準備忽視那些情緒化的行為。

17.貪婪的人。貪婪很可能是這世上最原始的加害者。倘若你親近的人當中有貪婪的人，而你願意為了那個人拋棄自己的原則和獨立自主，那麼你可能會被啃得一乾二淨，可能是時間被占用，或是失去金錢、自由等。

愛一個人但不被對方不合法或不道德的貪婪拖著墮落，是極有可能做到的事。事實上，只會當跟屁蟲或受氣包並不是愛一個人的好方式。所謂貪婪，就是貪求超過自己應得的，不惜犧牲別人，這種偷蒙拐騙的人絕對不可能快樂。你不認識或不關心的人對你貪心，這是可以預期的，你可以隨便採用反受害的對策，教會他們別惹到你頭上。但是對於你重視的人，貪婪的行為必須盡全力撲滅，能用的每一項原則或行為對策都用上。

以上常見的十七類加害者將毫不留情地玩弄你於股掌之間，除非你教會他們不要這樣做。對於你自己的行為和他們的習慣，其實你能掌控的遠比你所想的要多得多。

典型的犧牲者標靶

沒人能倖免不受其他人的壓榨迫害，不分貧富、人種或年齡，我們每一個人都有專屬於自己的仗要打。無論你是誰，犧牲者的印記可能在任何一刻毫無預警地從天外飛來，啪一下蓋在你頭上——除非你隨身帶著拒當犧牲者的保護傘，並且張大眼睛留意惡劣天候。然而總是有一部分的人必須比多數人更努力戰鬥，才能避免受害。「做自己的主人」的理念和策略在他們身上同樣適用，但是他們要打的仗更久、更艱辛，若是無法避免失敗，損失更是慘重。有時候為了教會別人他們拒絕受害需要付出的代價是如此高昂，以至於顯得不值得為了勝利而堅持。但是在那些堅持到底贏得勝利的人心中，從來不曾考慮過妥協。如同約翰・加德納（John Gardner）所說的：「沒有輕易得來的勝利。」

人類最偉大的領袖都深刻知道，人們是透過行為去教和學會如何對待其他人。讓我們暫時拋開本書迄今為止從個人出發的觀點，改為從更廣泛的社會框架出發，比較一下本書探討的拒當犧牲者理念和歷史上一些「偉人」的作為，這些偉人對抗的是大規模的加害，對受迫害族群的加害。我們將會發現，這些偉人在他們身處的時代早就奉行了拒當犧牲者的理念。

林肯（Abraham Lincoln）知道倘若人們只是嘴巴上說說，奴隸制度永遠不可能廢除。他深刻了解必須用行動去教育奴隸主，而且是堅定的行動，讓他們知道這種「大家習慣的制度」是不被容許的。

馬丁・路德・金恩（Martin Luther King）知道人們必須站出來發聲，透過遊行、社會運動和立法，才能實現他的夢想。

林肯和金恩都知道，少數族群的人權正受到侵害，因為沒有足夠的人挺身而出說：「停手！我們不會再多容忍**一分鐘**奴隸制度存在於**我們的社會！**」說得再多，最後還是要靠**行動**才能教會人們如何對待你。

邱吉爾明白跟納粹沒什麼好談的，在邱吉爾之前擔任英國首相的張伯倫（Neville Chamberlain）則是在與納粹交手的慘痛經驗中學到了教訓。如果人們沒有拿出行動挺身而出，冒著生命危險並且犧牲了無數生命去阻止納粹的瘋狂加害行為四處蔓延，恐怕全世界已被納粹征服。

美國開國元勛傑佛遜（Thomas Jefferson）和富蘭克林（Benjamin Franklin）知道，美洲殖民地已經教會英國人把他們當成「臣民」，若要改變這種狀態，殖民地人民必須停止空談，用行動實現他們對獨立的渴望。

同樣的，當代美國女性學到必須用行動爭取權益，而不只是依靠無意義的言辭和口號要求得到權益。女性受迫害的主因是女人教會了男人，她們會忍受男人的壓迫。當這種容忍消失，平權就會神奇地出現。美洲原住民也學到了條約和祈福儀式是沒有用的，現在他們因為不繼續當犧牲者而獲得傾聽。

社會歷史上的例子太多，拉爾夫・納德（Ralph Nader）是現代美國的一個典範，透過他自己和他組織的「特攻隊員」的行動，他讓人們相信他不會袖手旁觀任由消費者繼續受到侵害。他是一個行動家，透過在適當的地方用有效的行動展現出他的氣魄，讓大家看見他，從而推動改變，並且獲得成果。不論你是否贊同他的想法，他反對犧牲迫害的立場已經得到世上大型機構的注意，包括美國政府。所有社會變革專家用的都是同一套方式：訴諸行動，清楚認知到你教別人怎麼對待你，必定會得到怎麼樣的對待。

在近代史上受到迫害的主要族群類別顯而易見。退休讓位給年輕世代的**長者**有很多東西可以貢獻給世人，比任何一個族群都還要多，然而卻被貶抑為次等公民，社會對老人的態度最好不過就是抱著容忍的心態。這是因為老人教會了年輕人用這種態度對待他們。就算年過六十五歲，只要你不想被人看扁或是被視為廢物，通常就不會得到這種待遇，但是整體而言，老人這個族群允許自己顯得相當無能；當然其中也有特例，像是行動派的「灰豹黨」（Gray Panthers）。

美國的**宗教少數族群**也受到廣泛迫害，包括在不同時期受害的猶太民族、天主教徒，以及新教幾乎每一個教派的成員。那些堅持自身信仰並起而捍衛權益的族群，大致上都能贏得尊重。是的，他們付出的代價往往十分慘烈，然而道理是不變的：如果你允許自己被迫害而不做出反抗，那麼你永遠不可能做自己的主人。

種族少數群體在美國的發展顯然是步步血淚：非裔美國人、美國原住民、亞裔美國人、波多黎各人、墨西哥裔美國人，以及你能想到的其他任何族裔，都必須站出來主張自己的權益，否則就是繼續受害。這些少數族群的偉大領袖願意冒險，挺身而出發揮影響力。儘管今日種族歧視依然存在，這一點無可否認，但是救贖確實並不存在於言語，而是行動，行動才能教會加害者必須如何對待少數族群。

很多大學生和高中生也從挫敗的經驗中學到，對學生事務發聲的途徑不能仰賴受當局操控的學生自治會，而是必須要求大眾傾聽他們對真實議題的發言。這些受迫害族群奮鬥的目標，是為了避免失去獨立，為了維護自主權。傑佛遜在《獨立宣言》中寫到，當整個國家被破壞目標的政府拖累時，「人民便有權力改變或廢除它，以建立一個新的政府」。

談到改變社會現況，讓權力位階碰巧不如其他族群而受迫害的人們不再受害，其經驗可以類推至個人受害的情況，二者之間的相似刺眼地明顯。你可以把族群解放的成功經驗應用在你的生活中，任何人倘若企圖強迫你往不是你自己選擇的方向走，這種無法無天的離譜行為和奴隸主或獨裁者沒有什麼差別。你必須保持獨立自主才能做自己，而保持獨立的唯一方法，就是教會其他人你的容忍界限在哪裡。

教會其他人如何對待你的一些策略

當你想要教其他人用「非加害」的新態度對待你，可以採行下面的一些態度和行為。

• 停止預期受到不好的待遇。你要接受這個事實：以往你遭受惡劣對待的主要原因並不是其他人占你便宜，而是因為你教會他們這樣做。這種「為自己受到的待遇負責」的心態，可以把「你預期別人會給你什麼樣的惡劣對待」轉換為「你預期自己得到什麼樣的對待」。人要改變，幾乎都是從心態開始。

• 用安靜有效的方式奉行自訂的「拒當犧牲者」守則，拒絕任何讓步妥協。自訂守則的範例：

1. 我不會被喝醉酒的人占便宜，交談不超過五分鐘，也不會搭酒駕的車回家。

2. 對那些明顯不關心我要說什麼的人，我拒絕向他們解釋我的行為。只要一發覺我是在對一堵石牆說話，我會立刻停止繼續解釋。

3. 我不會幫任何人收拾爛攤子。

這類行為守則很重要，不過你不必拿出來和其他人討論，通常根本是不應該拿出來討論，因為討論有可能引起無益的爭論，到最後讓你感覺好像「做了什麼」其實什麼都沒做。例外的情況是，你決心做出的改變當中包含必須讓其他人知道的實際行為改變，比方說你拒絕每個星期天開車載老公和他那群朋友去高爾夫球場，所以他們最好找別人開車。

• 練習盡量用行為取代言語做出反應。受到不合理的對待時，做出誇張的反應，嘗試一些會讓加害者感到震驚的新行為。如果有人爆粗口威嚇你，你可以全力反擊給對方造成衝擊，同時也教會對方你有能力維護自我主張。有人對你進行言語攻擊，你可以轉身離開。有需要的話你絕對可以搭計程車回家。在新的教程一開始你就要堅定採取行動，這樣才能讓對方清晰響亮地聽到你要傳達的訊息：你不會再容忍任何欺壓。

• 家人偷懶逃避義務的時候，如果你通常的處理方法是一面抱怨一面動手幫忙做完，那麼你該知道，那個人做出這種行為都是你教出來的。下一次改用不同的方法教育對方。假如你的兒子負責倒垃圾卻沒做，提醒他一次，他不理會你就給個期限，到了期限還不做，你就把垃圾倒在他床上，態度要心平氣和。在床上倒一次垃圾，就能讓他學到你是認真的，效果勝過無效的千言萬語，愈說只會讓你愈生氣。

- 從你的字典裏面刪去抱怨的詞彙。停止責怪其他每一個人讓你受到惡劣的待遇，不要再說「都是他的錯」、「是她害的」、「我沒辦法」、「他們對我那樣做」、「他們不尊重我」之類的話，改成告訴自己：「我教會他們那樣對我」或「允許這種事情發生是我的錯」。這些話可以提醒你致力於改變犧牲者的狀態，而不是鞏固這種狀態。
- 停止等待事情自己變好。要是你等著別人停止欺負你，那你就等上一輩子吧。**現在**就開始當個果斷有效的老師，別再呆站著，期待隨著時間過去你會得到更好的待遇。
- 對自己發誓，和潛在加害者打交道的時候你會積極冒險。鼓起勇氣反擊那個欺負你的人，試一次就好，仔細看看有什麼結果。試著搶白傲慢的傢伙，或是在群體的作為不利於你的時候勇敢說出來。當你判斷情況沒有希望改變或不值得折騰的時候，趕快脫身離開。踢自己一腳，逼自己做一次，然後你會發現明確主張自己的權益變得更容易。千里之行始於足下，你必須願意踏出第一步，只要有那麼短短一秒克服內心的恐懼和惰性，你就能做到。

- 練習果斷陳述主張的說話方式，甚至在看起來顯得有些蠢的地方堅持練習，把這些練習當成為了應付大場面而進行的彩排。對著服務生、銷售員、陌生人、門房、接待員、計程車司機、快遞員或隨便任何人練習大聲說出你的想法，告訴他們你想要從他們那邊獲得什麼，看看在這樣的「練習」中是否會失去對方的尊重和服務。排練越多次，你越能準備好在真正重要的場合中堅定維持立場。
- 不要再說貶低自己的話，那些話是在准許或邀請別人來欺負你。像是「我不是非常重要」、「我沒那麼聰明」、「我對數字不在行」、「法律方面的事我從來搞不懂」、「我動作不太協調」，這些都是允許別人占你便宜的通行證。在服務生算帳的時候跟他說你對數字沒概念，就是在教他你不會發現他「誤算」。
- 拒絕做那些你很討厭而且不一定非要你來承擔的雜事。如果你痛恨修剪草坪或洗衣服，那就暫停二週，看看會發生什麼。要是你出得起錢，可以雇人來做這些事，你也可以開始教你的家人自己照顧自己。家中的其他成年人如果完全有能力自己洗衣服，但是一直以來都是你幫大家洗衣服，那就是你教會他們把你當成可以任意驅策的犧牲者和奴隸。跳出這個坑的唯一方法就是甩手不幹，想要乾淨的衣物就自己洗。這樣不僅對他們有好處，教他們學會自立，你也能夠從整天忙著服侍別人的苦役中解放。同樣的道理也適用於在辦公室幫忙泡咖啡、做會議記錄等。打雜的活全落到你頭上，通常只是因為你教會了其他人，你會任勞任怨去做這些事。

・不要一遇到加害者的反抗就丟盔棄甲放棄教育他們。加害者的反應可能二極化，有的人會暴跳如雷，有的人會在你變得更堅定時用禮物或格外體貼來賄賂你，使你沉迷其中。把這些初期的反應當成考驗，讓時間去淘汰無法持久的行動。不管對方有什麼反應，你都要堅守你的決心，而在很多時候其實你能預測得到對方的反應。不久之後，其他人就會看出你是認真的，他們將會用你教他們的方式對待你，也就是尊重你。

・當其他人試圖讓你對自己新的果敢行為感到愧疚，別讓他們得逞。別人對你做出受傷的表情、苦苦哀求、對你發脾氣或送禮賄賂的時候，你要抗拒覺得不舒服的衝動。那些已經被你教會加害你的人在面對嶄新的你的時候，通常不太知道該如何反應，這種時候你可以嘗試堅定而有感情的態度。倘若他們願意聽，你可以向他們解釋為什麼你要果決表態。如果他們開始「沒錯但是……」的那一套或喃喃抱怨「不公平」、「你以前都沒這樣，為什麼現在要這樣？」，那你就回歸行動，用行動表明你決心實現你的信念。要注意的是，如果對方真的感到惱怒，你們可以坐下來談，但如果是為了操控你而發脾氣，好讓你繼續乖乖當個犧牲者，就不要理會。

・教育其他人：你有權保留時間做自己喜歡的事。不論是在辦公室或廚房等地方忙碌，都要堅持忙裡偷閒，抽空休息。你可以四處閒逛探索，把放鬆「享樂」的時光看得無比重要，事實上也確實如此，應該嚴正堅持不允許受到侵犯。倘若別人時常打擾你，你可以用前面介紹過的對付愛插話的人的策略。

・拒絕自動介入仲裁其他人的紛爭，尤其是小小孩的爭執。讓其他人知道，你認為自己的價值遠遠超過在他們的爭鬥中當裁判（或選邊站），除非你自己想要加入調停，而且你的出手顯然是有益的，否則你應該拒絕介入。

・記錄其他人如何用言語迫害你。如果你是一個四面楚歌的母親，可以記錄一天當中聽到多少次「媽咪媽咪，我應該怎麼做？」或「幫我做」、「沒關係，媽媽會做」這類的話。當你看到其他人有多麼常用言語再次確認你的犧牲者地位，你會更有力量採取新的行為去戰鬥，而一本日記或記錄本就能幫助你看清楚。

・練習不被那些你已經教會用怒氣操控你的人惹怒。如果你以前總是被怒氣沖昏頭，結果做出之後會後悔的言行，趕快奪回對自己的掌控。小孩是惹怒爸媽的專家，即使會挨打或被關在房間反省，但是他們贏得了對情況的某種掌控權。你要態度堅定而不是大發雷霆，才能維持控制，也唯有如此才能避免被其他人困住，才能開始教育他們。光是停止發脾氣，往往就足以讓其他人停止加害的行為。

・找一個伙伴討論你新制定的教育他人策略，這個伙伴要能和你推心置腹，對你的成功和失敗感同身受。對你的伙伴坦誠以待。若是有一個富同情心的友人願意傾聽你分享執行新策略的感受，將能給你力量，或許在某些情況中還能拉你一把。

・永遠記得想好要怎麼教育別人不迫害你的替代方案。即使在特定情境中某些方案似乎並不可行，還是先把所有方案都列出來。你可以和知心密友分享這些點子，一起討論哪個辦法是最棒的。詳細寫下來，就能在白紙黑字上很快看出問題，把對很多情境的僵化定見轉換為眾多可行的選項。

・勇敢說「不！」這是全世界最有教育力量的字眼之一。丟棄那些「大概」、「或許」，支支吾吾只會讓人有空間不理解你的意思。你會發現，對「不」這個簡單基礎的字所有的恐懼只存在於你心中而已。比起東拉西扯躲躲閃閃隱藏真正的感受，人們更尊敬一個堅定的「不」字。如果能在每次有需要的時候說出「不」，也會讓你更尊敬自己。你可以站在鏡子前面練習說不！不！不！別想那麼多，現在就做，你會發現力量自然而然地湧現。

・遇到愛抱怨、吹牛、吵架、愛打斷人、騙人、囉嗦或其他類似的加害者，你可以給他們的行為貼標籤，冷靜地陳述：「你剛才打斷了我的話。」「你已經說過了。」「你在抱怨永遠不可能改變的事情。」「你花很多時間自吹自擂。」這一招聽起來殘酷，但在本質上是絕佳的教育手段，讓對方知道你不會因為他們做出讓人敬而遠之的行為而淪為另一個犧牲者。你越是冷靜，越是直率說出你的觀察評論，你待在犧牲者座位上的時間就會越少。

結語

你怎麼教別人，別人就會用什麼樣的方式對待你。把這句話奉為人生的指引圭臬，就能走上做自己主人的康莊大道。有些人會比其他人更難教，但你的基本信念不應該因此打折，因為只要後退一步，就是把對自己的掌控權交到別人手上，那些人會很樂意接手操控韁繩。

第7章

對任何人事物的忠誠，永遠不應該凌駕於對自己的忠誠之上

如果你所做的事定義了你這個人，那麼當你不做了，你就不是你了。

十二道檢驗題

請回答下面十二個問題，檢驗你對自己以及對組織機構和事物的態度，這些問題的答案可以讓你從個人觀點去了解本章的內容，也就是體制和個人態度可能對願意屈從的人造成多大的危害。

是／否

□　□　1. 你是否把工作責任看得比個人或家庭責任更重要？

□ □ 2. 你是否很難放鬆，很難把工作相關的事從腦海中驅除出去？

□ □ 3. 你是否發現自己為了賺錢或為了達到物質目標而犧牲自己的時間？

□ □ 4. 你的人生是否把全副心力放在追求年金或退休計畫之類的東西？

□ □ 5. 比起單純享受與人相處，你是否更注重能夠得到的東西或名聲？

□ □ 6. 你是否容易被繁文縟節和官僚制度豎立的障礙搞得暈頭轉向？

□ □ 7. 你是否認為任務失敗是一件糟糕的事，或認為自己永遠應該拿出一百分的表現？

□ □ 8. 你是否認為團隊或公司比個人更重要？

□ □ 9. 擔任委員會成員或是參加沒有意義的工作相關活動時，你是否會心情不好？

□ □ 10. 請假不上班的時候，你是否很難不感到愧疚？

□ □ 11. 你是否總是說話快、動作也快？

□ □ 12. 你是否看不慣別人不按照你認為他們應該用的方法做事？

以上任何一題回答是，代表你很可能屬於本章的犧牲者類型，也就是忠於某個機構超過忠於自我和個人實現。我要再強調一次，你是一個活生生、有呼吸的人，這一點非常重要。沒有任何事物值得你犧牲自己的幸福快樂去奉獻一生。對組織機構效忠的教條害人不淺，你應該加以質疑並且從你的價值觀當中摒除。

在第一章就已經討論過，自由並不僅限於不受其他人的支配；不受事物、工作、公司和其他機構的支配也同樣重要。有些人為了個人自由而對親友發動激烈抗爭，要求被視為獨立個體受到尊重，拒絕別人對他們的生活指手畫腳。諷刺的是，面對工作和付他們薪水的機構，這些人就成了乖順的奴隸。他們常會發現無法自由規劃時間，對日常生活如何運行幾乎沒有話語權。他們很難得靜下心來，腦袋總是飛速運轉，除了工作應盡的義務以外，從沒有多餘的精力認真去做任何事。然而這些人卻還宣稱自己獨立自主，不受任何人控制。

閱讀本章的同時，請你認真檢視自己。如果你是任何事物的奴隸，不論是工作、組織、嗜好、學校、你從事的研究或其他任何事物，如果你為了這些事而沒有留時間給自己，或是把你的任務看得比自身的幸福快樂更重要、更偉大，代表你允許自己受害，或是正在自己害自己。

忠誠的錯付

忠誠不代表奴役。你可以對任何組織機構忠心耿耿，誠心誠意投入全副身心去完成任務，但不必把自己變成奴僕。全世界最重要的人，那個你應該矢志不渝效忠的人，是你自己。你只有一輩子，讓某事或某個機構控制你的人生未免太傻，其實你還有很多其他選擇。當利潤被看得比人更重要，當人性為了「公司」的名義淪為犧牲品，維持忠誠就是錯付。

你要把忠誠放在哪裡，完全取決於你自己。你可以把愛家顧家當成生命中最重要的事，是責任也是你的快樂泉源。你不必向任何人解釋，只要開始讓你的生活圍繞著忠於自己的理念，然後很有可能你會發現，這不僅提高了你在工作上的生產力，還讓你更受人歡迎。

高階主管忙到整天無法離開辦公桌，但這並不表示辦公桌就是他的歸屬。你是自己生活的主管，你可以積極規劃運用自己的時間，兼顧效忠你選擇的服務機構以及你自己的幸福、健康，還有最重要的自我實現。

錯付忠誠會讓人喪命，讓你的生活充滿壓力、緊張、焦慮和擔憂，提早把你送進墳墓。你真正重視的事情總是會被某些「必須」在昨天完成的任務擠到一旁，而這一切排擠效應、時間和精力的磨耗、無止盡的受苦受難，都會被冠以「應盡的責任」之名而被視為理所當然。但是到頭來，你奉獻一生的終極結果是自尋死路，你還會為這種行為辯護，和那些傻瓜前輩一樣口口聲聲說：公司的榮耀比個人更重要，所以犧牲奉獻是合理的。

如果你非要相信這一套鬼扯，我也攔不住你，但是奉勸你一定要認識到，當你打著為了完成任務、盡責或獲利的名義而錯付忠誠，你會是最大的受害者。英國作家盧亞德・吉卜林（Rudyard Kipling）曾經寫下：「世人都說工作很重要，但這不足以平反那麼多人因為工作過勞死亡。」

確實，機構的建立應該是為了服務人們，而不是反過來讓人服務機構。事實上，在**真實**世界也就是人的世界中，公司根本不存在。倘若把通用汽車公司（General Motors）的所有人拿掉，請問還剩下什麼？一大堆生鏽的機器、空蕩蕩的廠房和辦公室、塞滿文件的檔案櫃——全都是無用的設備。「人」才是機構運作的核心，既然你是其中一份子，你在機構中所做的一切都應該以改善人們的生活為目標，尤其最重要的是你自己和你所愛的人的生活。

競爭VS.合作

機構的受害者往往是「不惜一切代價投入競爭」的狂熱信徒。他們被教育成把「競爭精神」奉為神聖的信仰，強迫遇到的每一個人加入神經兮兮的競爭。

換個角度去看，問問自己，你這麼強烈支持競爭，是否反而因此受害？

公司等機構因為競爭而茁壯，他們要做的就是「超越對手」，所以非常努力讓受其掌控的每一個人熱衷於競爭。公司組織有一套專門的方法，向組織內責無旁貸的虔誠信徒灌輸正確的競爭意識，內建的獎勵回饋機制確保人們會為了得到升遷或更高的「地位」而奮不顧身彼此競爭，宣揚的理念是每個人都應該時刻留意背後，因為競爭對手隨時可能迎頭趕上。

在資本主義社會中，經營公司等機構需要面對大量的競爭。沒錯，這是一個充滿競爭的世界，但你個人可以在機構的框架內進行有效的競爭，同時不至於過度強調競爭到錯誤的極端，最慘的是把競爭帶入自己的私人生活。一頭熱栽入競爭可能會對家人造成莫大壓力，因為你期待他們跟你一樣，希望他們在生活中和其他每一個人競爭。激烈競爭的結果在現代社會隨處可見，包括辦公室內、高速公路上、尖端電子產品等等，希望大家能睜大眼睛看清楚這在人性方面所付出的代價。

美國的高階主管普遍生活在緊張壓力之中，公司的權力高層罹患心臟病、潰瘍、高血壓被視為「正常」，員工幾乎沒有時間留給家人，酗酒、抽菸、離不開藥物、失眠都是「正常」，沒有多餘的時間去愛人或求愛。

下面的敘述引自彼得・柯恩（Peter Cohen）的著作《哈佛商學院福音書》（*The Gospel According to the Harvard Business School*），鮮明地描繪出競爭壓力已滲透我們的校園。

> 四月八日：這樣的場景太過熟悉。先是警察，然後是院長，再然後是幾個小時後，當大家在吃晚餐的時候，黑色的小廂型車到來。車上下來二個人，推著一台雙輪推車進到宿舍內，出來的時候推車上綁著東西……詹姆斯・欣曼就是這樣結束了他在哈佛商學院的第一年——死於中毒。
>
> 到現在這是第三個用這種方式離開的人。上帝知道有多少次我們被提醒：競爭是美國的生活方式，也是唯一的生活方式，在課堂上和佈道中諄諄善誘，讓人幾乎信以為真。然後你看到那台小推車，推走了原本可能延續一輩子的歡笑和溫情和了不起的點子。突然之

間你看到了問題所在，也就是競爭的代價，於是你開始納悶是否真的沒有別條路可走。因為歸根結柢，所有競爭不外乎是一種行為，這種行為建立在要求個體比隔壁的人更快、更聰明、更富有。大家都忘了，儘管競爭有不可否認的益處，其過程卻非常不經濟。每一個贏家的代價是上百、上千、上萬個輸家。美國社會的現況就是這樣：大家嘴上談的都是「競爭」，彷彿從未聽過「合作」這個詞彙，拒絕認清過大的壓力無法推動人們前進，只會害死人。

我認為柯恩的描寫非常生動傳達了一則重要訊息，把過度競爭放在你的人生哲學或行為中最重要的位置，真的會害慘你自己、你的配偶和孩子。學校如果要求學生每一科都拿到「優」，甚至有時候強迫學生彼此惡性競爭，或許可能產生幾個「發光亮點」，但是這種高壓製造出的亮點是你想要的嗎？就算每一個人都仰望你，叫你第一名，那又如何？如果你需要別人的認可才能得到自尊，表示你的自我實現來自於其他人的掌聲，而不是內在的力量，這是不安全感和自尊低落最明確的徵兆之一。更糟糕的是，倘若你身為人類的價值取決於你事情做得好，得第一，勝過所有人，那麼當掌聲與歡呼止息，你不再是第一名的時候該怎麼辦？你將會崩潰，因為你不再有理由感到有價值。

競爭是美國自殺的主要原因之一，受害者多半是從勝過對手得到價值感的人，當他們無法在競爭中勝出時，價值感隨之失去，於是斷定這種悲哀的人生不值得活下去。

八至十二歲兒童的自殺率從一九六七年以來已上升四倍，想想看，這麼小的孩子竟然會自殺，竟然會感到生無可戀，而其中很多人自殺的原因是認為必須比別人做得更好，人生才有價值。要擠進少棒聯盟、要拿頂尖的成績、要實現父母設定的目標、要取悅每一個人——這些壓力不代表生命的價值，不值得一個健康的人為此賠上性命，更別說是刻意赴死。

每一個人都值得活下去，而且活得快樂、有意義，不必時刻回頭看其他人才能找到自我價值。事實上，一個健全的人不會把心思放在勝過其他所有人，他們在自己內心尋求人生的目標，知道競爭只會削弱他們為了實現自己獨一無二的理想所付出的努力。別忘了，「競爭」這種狀態必須要有另一個人加入比較。當你必須向外尋求用來評估自我價值或地位的標準，表示你無法掌控自己的人生。標準應該在你自己心中，而不是去看與其他人比較的結果。

過度競爭的後果

競爭或許確實能打造出更好的產品，提升生活品質也確實是值得讚揚的抱負，但事情總有正反二面。要提高你自己和其他人的生活品質，合作其實是更有效許多的方法。當人們彼此互助，所有相關的人都能獲益。

在學校裡，如果老師或教授不加思索地施捨少數幾個「優等」名額讓學生互相爭奪，整個結果會是做白工，學生變得偏執，開始欺騙、說謊，用盡辦法去爭取「獎勵」。另一方面，合作的課堂會培育出健康的孩子，願意與人同樂而不是自己獨占一切。

美國有超過一千二百萬酗酒者，每年開出的抗憂鬱和鎮靜劑處方破億，另外還有二千五百萬劑減重用安非他命藥物，人們自行購買的助眠、提神、紓解緊張、疼痛、痙攣等非處方藥物更不計其數。整個國家都是藥罐子，都有心理成癮的問題。失眠、性無能、憂鬱症的人口比例空前驚人，求醫的人數創新紀錄。大批孩童被送到社工、心理諮商師、精神醫師那兒求援，青少年酒精成癮是一大問題，二十一歲以下的自殺者更是不應該如此常見。

這些數據就是一味地推崇競爭、揚棄合作的直接後果。未來學家艾文・托佛勒（Alvin

Toffler）在《未來的衝擊》（*Future Shock*）一書中詳細探討了這些問題，並且預言了一些可怕的後果，倘若我們不從現在開始省思就慘了。但你確實可以選擇別條路，就不會成為這種盲目狂熱競爭心態的受害者，你可以在任何壓力鍋情境中採取有效的辦法和行動，拒絕被悶蒸到七竅生煙。你有能力排解生活中的任何壓力，但是如同本書描述的其他所有問題，你必須警覺到自己的犧牲者習慣，冒險做一些嘗試並且做出正確的行動，才能脫離這種類型的受害者行列。

過度競爭的一個高階主管

艾力克斯四十多歲，經歷過一次輕微心臟病發作以及二次潰瘍出血之後來找我諮商。他是一個完美的範例，讓我們看到商業主管如何犧牲了心理、身體和社交的健康得到卓越的成就。他的婚姻觸礁，因為他的妻子拒絕忍受另一半缺席的婚姻；健康亮紅燈他卻繼續挑戰身體的容忍極限。他長期「應酬飲酒」（酒精成癮），同時和二、三名年輕女性有逢場作戲的關係。

艾力克斯認真努力，念大學時拼命追求頂尖的學業成績，後來成為一家大企業最年輕的總裁之一。然而若是與他長談，你會清楚看出他的人生很失敗。他從小就活在競爭之中，競爭已把他逼到自戕的危險邊緣，或許是用藥丸、手槍或其他什麼手段直接自殺，又或許是用這種不要命的生活方式間接自殺。

我們一起進行諮商活動時，我的態度直接而且堅定，我向艾力克斯指出他正在慢性自殺，因為他把在商業界的成就看得比其他任何事物更重要，包括他自己的生命。對於他說他認為很重要的那些東西，他全部忽略。儘管說的頭頭是道，但他卻不願意或不敢拿出「高階主管」應有的氣魄去管理自己的生活，讓自己過得幸福快樂。他說他想要愛，但他卻忽視那些愛他的人；他說想要內心平靜，但卻把手上的每一刻耗費在忙亂的活動；他說他想要當個好爸爸，卻從來不曾多花幾分鐘陪伴二個孩子；他說他想要健康和安全感，卻把自己搞得心臟病發作加二次潰瘍，還有異常的高血壓。現實是艾力克斯說的每一件事都和他的行為背道而馳。

我做的第一件事是鼓勵艾力克斯設立每日目標，而不是立刻做長期規畫重新安排整個生活。比方訂定下班時間，時間一到就離開辦公室，不管接下來有多麼重要的會議。這種做法很快讓他學到，即使他沒有出席每一場會議，業務還是能進行下去。他會和二個孩子互相說好共度一個下午，並且把這件事視為具有法律拘束力的合約。

不久之後，艾力克斯就養成了不盲目競爭也不忙亂的新行為。他學會減速，停止要求自己做出超人的成績，停止強迫家人成為他想要的樣子。他還和妻子達成了嘗試和解的共識，二人一起參加家庭諮商。艾力克斯逐漸學會放輕鬆過日子，他努力學習新的思考方式和行為，放慢腳步，不再過度投入工作，活出他說過想要達成的人生目標。

大約二年後，艾力克斯和家人早已停止諮商，他大膽決定辭職，離開繁華喧囂的紐約市，去蒙大拿州經營農場養動物。他主動冒險，放棄高薪換取更寶貴的報酬，也就是更安詳，使他個人得到更大滿足的生活。

這不是虛構的故事，而是真人真事，艾力克斯的一百八十度大轉彎救了自己的命。但是首先他必須重新思考曾經認為是不可思議的事，領悟到競爭並非生命的意義所在。他學會了一代又一代賢哲反覆闡述的基本真理：有時候**多即是少**。

人比任何事物更重要

偶爾我們需要像艾力克斯那樣被狠狠踢上一腳，才會懂「人」比任何事物更重要。如果你把獲取財貨看得比人命更重要，尤其是你自己的命，你將會變成數一數二的犧牲者，獻身於物質、錢財或活動，最終的結果很可能是道德淪喪。

物質取向的人難以和其他人產生共鳴，覺得你來我往的談話很麻煩，所以往往是單方面的發號施令，利用人作為取得想要的東西的工具。被使喚的人則因為厭惡被當成情感上的奴隸，於是選擇遠離那些物質取向的人，這使得那些人更朝向物質靠攏，構成無限循環。最後物質取向的人只剩下物質聊以自慰，但物質不可能給人安慰，物質是死的，既貧乏又缺乏情感，無法回應你的愛，所以過分強調成就和得到的東西，最終的獎賞就是孤獨和挫折感。

人和生物才是最重要的。如果身邊沒有生命與你互相交流分享，就不可能感到歡樂。拿走所有生命的世界將會是一片荒蕪，沒有任何有意義或能給予意義的東西。生命是最有價值的東西。

當你發現自己正在犧牲日常的人際關係去追求物質富裕、金錢和地位，問問自己，擁有這些東西實際上給了你什麼？如果你沒有人可以愛並且以愛回應你，如果你失去了對生活的感受，那麼你所擁有的東西都會變得沒有意義。

如果你認為需要多還要更多的東西才能改善生活品質，請你再好好想想。大多數富人談到以前的苦日子時常常感到懷念，因為那個時候簡單的事物就能讓他們開心，而且可以無條件信任別人給予的愛是沒有標價牌的。

快樂不需要太多物質財富。看看那些未受汙染的小小孩，他們不需要錢或玩具或任何東西，放他們自己一個人，他們就能光是因為活著而得到無限歡樂。你也可以和他們一樣，前提是你願意重新排列優先順序的清單，看重真正重要的東西——也就是生命本身。

四十多歲的魯薏絲正在辦理離婚，她的丈夫一直阻撓公平的財產分割，把事情搞得很複雜。魯薏絲向我抱怨這整件事的不公正，憂鬱和擔心快要把她逼瘋了——為了一棟房子、幾件家具、一輛車、幾千美元和一些珠寶首飾。

進行諮商時，魯薏絲很快承認她一心想著這些東西「值很多錢」，她非常看重得到這些東西，遠遠超過對自己個人幸福的重視。就為了這幾樣東西，她願意犧牲快樂，甚至犧牲精神健全。

魯薏絲向來是物質取向，她的丈夫也是。他們的離婚變成戰場，魯薏絲感覺必須盡量爭取越多東西越好，用來證明她是最頑強的戰士。從還是小女孩的時候魯薏絲就學到，比其他小孩擁有更多玩具不知怎的很重要。她給每一樣東西標價，話題永遠圍繞著成本、資產與負債打轉，討論什麼東西總是從金錢價值去衡量。她滿腦子都是錢錢錢，錢變成了她生活的主人。

魯薏絲很快學會去重視那些對她有幫助而不是奴役她的東西，她把自我實現放在清單的最上方。我向她指出，在離婚協議中「獲勝」的念頭持續困擾她，使她快樂不起來，但其實有很多可行的選項，包括不要理會丈夫搞的小動作、交給律師全權處理。她同意她的內心無法平靜是因為渴求贏得物質的戰役，所以她同意努力培養新的思考模式和行為。於是她告訴律師，在合法範圍內盡量為她爭取，她不會過問每一個小細節。她也同意不再和前夫討論這件事，不允許前夫動不動拿這件事出來迫害她。魯薏絲把財產處理的工作交給專業人士，把自己的心思放在其他更有益的活動，像是重回學校上課、甩下離婚戰場去度假、重新開始約會，還有最重要的，讓自己開心，享受人生。

我曾經在一次諮商會談中詢問魯薏絲：「如果你贏了這場財產爭奪戰，拿到你想要的每一樣東西，你會擁有什麼？然後你就得到幸福了嗎？」她還沒開口已經知道了答案，就是在這一刻，我們的諮商開始聚焦於協助她改變這種每每使人受害的自我挫敗態度。記住，人比任何事物更重要。

論輸贏

輸掉一場網球賽會讓你實際失去什麼？嗯，你沒有任何損失。你只不過是沒有像另一個人打得一樣好，成功把球打過網並且落在規定的邊界內。然而讓人驚異的是，很多人只要「輸了」就感覺比賽是白費工夫。

我們的社會文化極度強調要在比賽和運動當中得勝，這種意識起源於對競爭的強調，使得原本應該是「休閒活動」卻製造出大量的犧牲者，不亞於過度競爭在商業界和其他領域製造出的犧牲者數量。但是在比賽和運動中得勝究竟代表什麼？跑得更快、把球打得更遠、在牌局中吃到更多墩，然後能夠怎樣？當然啦，比賽贏了很開心，輸了可能沒那麼開心，但如果你需要靠「贏」來證明自己，這種心態並不健康。如果比賽變得比命更重要，休閒趣味喪失殆盡，你發現自己深陷其中無法自拔，或是火冒三丈、憂鬱沮喪等不好的情緒揮之不去，就表示你害了自己。諷刺的是，你愈不重視贏，就愈有可能贏。

然而這種認為「打敗」別人是比賽價值所在的荒謬心態，正如同傳染病一般橫掃整個國度。我曾經見過教練在比賽當天給年輕的運動員吃一種叫做「綠丸」的興奮劑，只為了要贏。

我曾經見過年輕人因為「漏接一球」或小失誤「害整隊輸了比賽」而被罵得狗血淋頭，受盡冷言冷語。我也見過球隊招募人員使盡下流手段賄賂運動員，提供性服務、黑金和你能想到的任何東西，打著的旗號就是「為了贏球」。

如果這些是成為贏家必須付出的代價，那我寧願不要贏。你不需要依靠戰勝別的人類才能得到成就感，你自己內心的力量就足以控制自己。只有輸家才需要贏，因為「需要贏」意味著除非你打敗某個別的人，否則無法快樂。如果沒有那個你必須打敗的人你就無法快樂，表示你受到那個人的控制，這會使你成為最後的輸家，因為被其他人控制的人是精神上的奴隸。

教練你錯了，贏不代表一切，也不是唯一重要的事，贏就是贏，可以是一件開心的事，也可以是一個很棒的追求目標，但絕不應該以人命為代價，人命是最珍貴的商品，勝過一切。如果你必須靠藥物、粗魯的言行或斥責其他人求取勝利，這樣的勝利不值得讓你登上頒獎台。真正的智者求勝若渴，但在比賽結束後不會頻頻回顧自己的勝利，認為勝利值得一再重溫。他知道已經過去的事無法再重演，所以他選擇追求新的體驗，並且充滿活力地付諸行動。

當我們訓誡自己必須不計代價求勝，我們就成了自身荒唐信念的受害者。我們不允許自己失敗，儘管失敗是學習歷程中不可或缺的一個固有部分。失敗常伴隨著自卑、對自己和其他人的憤怒。你當然可以把勝利視為了不起的成就，但你應該更堅定相信：你個人的核心價值並不是由這樣的成就來判定。

對事物和機構的忠誠超越對自我忠誠的受害者速寫

如同本章前面所述，對工作和事物的忠誠凌駕於對自我忠誠的人往往在很多方面害了自己，害了他們所愛的人。邁耶・弗里德曼（Meyer Friedman）和雷・羅森曼（Ray H. Rosenman）這二位醫學博士專門寫了一本書暢談「拼命型人格」對心臟病的影響，這本書就是《A型行為與你的心臟》（*Type A Behavior and Your Heart*）。

A型行為的人展現出的習慣包括：在沒有需要加重音強調的時候用超強力度強調關鍵字、談話時總是打斷別人替他把後面的話說完、總是快手快腳，吃飯和走路都快。A型人沒有耐心，老是督促其他人（和他們自己）加快速度「快點做」，並且可能因為塞車之類的小事而發火，排隊的時候總是忍不住東摸摸西看看或抱怨連連，幾乎沒辦法一次只做一件事，例如聽別人說話的時候手上塗塗畫畫或喊暫停去講電話。他們幾乎無法好好聽人說話，老是忍不住插嘴發表自己的意見，然後把談話主題拉到自己身上。放鬆休息或「什麼也不做」會讓他們有罪惡感，他們無法欣賞自然之美，因為心思總是被其他事情佔據；生活按表操課，行事曆上幾乎沒有時間留給無法預期的偶發事件。對於其他A型人，他們覺得必須視為競爭對手而不是同伴。他們常常緊握拳頭、笑聲緊張、全身緊繃，常猛拍桌面或使用其他非語言的強調動作。

根據大量堅實的醫學研究結果，A型人是心臟病、高血壓和其他身體病症的主要候選人。想不到吧！你自己的選擇和行為模式是造成心臟病發作和其他身體疾病的原因，或許甚至比抽菸、暴飲暴食或飲食不當造成的影響更大。弗里德曼和羅森曼毫無疑義地清楚指出，六十歲以下心臟病發作的男性當中，超過百分之九十是A型性格。這些人自我毀滅的行為大半起因於他們做出的犧牲者選擇，對機構愚忠，把金錢和物質看得比人更有價值。

以下詳列出六類最普遍的犧牲者行為，如果你在生活中固定做出這些行為，到最後將會「要了你的命」。

1. 拚了命的努力。這種無法放鬆的行為是小說《是什麼讓薩米奔跑？》（*What Makes Sammy Run*）描繪的對象——時時刻刻鞭策自己，想要更多，沒有一刻感到滿足。而且這種努力未必有目標，更偏向是為了努力而努力，是身心的雙重殺手。

2. **熱衷於競爭**。總是試圖「勝人一籌」會導致你無法在內心尋求滿足，而是根據你和其他人表現的比較結果來判定自己的價值。

3. **追趕期限**。一手拿著計時器一手拿著行事曆控管自己的生活，總是在追趕自己設定的期限，這樣會在期限接近而任務未完成時導致龐大的壓力和緊張感。沒事就要看錶確認時間，匆忙趕赴排定的約會，強迫自己把時間表「排滿排好」，結果是沒有時間做一些讓自己開心的事或陪伴家人。

4. **欠缺耐心**。這一類行為包括時常要求別人「快一點」，給自己設下不一定能做到的高標準，然後因為沒有實現跟自己的「約定」而苛責自己。對很多事情不耐煩，像是塞車、說話慢吞吞的人、「沒教養」的小孩、「胸無大志」的鄰居、「沒效率」的同事。

5. **唐突的言行**。說話用詞粗率無禮，大量使用「對對對」、「嗯嗯嗯」、「你知道的」這類口頭禪催促談話加速，擺明只想速戰速決完成溝通。這種心態也會顯現於催促的姿態和手勢，還有在不必要的地方強調想要傳達的意思。

6. **過分投入工作和其他追求**。這是本章前面所描述的行為，過於重視任務、工作、事物和金錢，超越了對人際關係的重視。

如果你發現自己的行為有符合這六大致命類別的地方，很有可能你正在殘害自己，破壞自己的人際關係，讓自己承受莫大的精神壓力，最神經質的部分是你正在摧毀自己的身體。

機構的運作方式

商業機構存在的理由只有一個：營利。唯一追求的目標是永久經營下去，賺錢回報那些承擔風險的出資者以及出力製造產品或提供服務的工作人員。商業機構做的是生意而不是慈善事業，也沒打算偽裝慈善。所以你和機構打交道得到的不愉快經驗有很大可能是因為你允許其發生。

認為某家商業機構虧欠你付出的忠誠，應該給你個人大量獎勵以回報你長期的付出，完全是在癡人說夢。機構的應對，永遠是從最功利的角度出發，你提供服務就給你薪水，當你不再能夠提供其所需的服務時，就會盡可能用成本最低的方式遣散你。

這不是在批評商業機構，只是陳述事實而已。這是當你成為任何一家機構員工時的默契，就算這家機構有退休基金、分紅、激勵獎金或其他用來留住員工的福利，事實依然是當你不再被需要了，就會被替換掉，而且會盡全力用最精打細算的方式甩掉你。

機構的運作方式就是如此，我並沒有要在字裡行間加以譴責的意思。但你不是機構，你是一個有血有肉會呼吸會感覺的人。你不必為了企業的運作方式感到沮喪，也不必甘願為其做牛做馬，只因為被機構發言人這樣鼓勵；你要知道，你的自我犧牲式效忠可以讓他們站在那兒輕鬆獲利。為公司忠誠奉獻五十年後退休，拿到一隻金錶和一小筆退休金，這並沒有什麼不公平的，公司沒有虧欠這個人什麼，所以拿到金錶應該心懷感激。工作的人領到薪水，公司則受到服務，事情本應如此。但如果這個退休的人奉獻的程度超過正常的要求，甚至犧牲自己的個人目標，放棄家庭活動，那麼這個人就成了犧牲者，因為不論你是為了公司賣命還是單純把工作視為謀生方式，公司都不會有任何改變，只會一直繼續營運下去。

機構犧牲者的常見犧牲方式

1. 把機構當成人看待。為機構工作或者與其往來時，最值得注意的一個害自己的方式大概就是把機構擬人化，像是對待愛人或朋友那樣去看待機構。

當你把公司想像成一個需要你的人，或甚至沒有你不行，那你就有麻煩了。機構代表人會樂見其成，因為他們知道，這樣想的人將會提供二十四小時隨傳隨到的服務，放棄所有私生活。如果你真的相信機構是有人性的，問問你自己：「如果我離開，公司會繼續經營下去嗎？」「公司明天會死掉嗎？」「公司會感到沮喪或崩潰嗎？」「公司會哭嗎？」這些問題的答案不用說你也知道，所以建議你用正確的眼光去看公司或其他機構，公司充其量是一個讓你發揮才能以換取公平報酬的機制，頂多再加上做得開心滿意、充滿幹勁和生產力的附加價值。你所擁有最寶貴最有價值的東西，你的人生，沒有公平的報酬值得你賣出。

2.發誓永遠效忠。另一種害自己的方式，是誓死效忠「你的」公司，然後把這種你自己憑空想像出來的義務看得比你對自己和家人的義務更重要。這種忠誠在許多方面顯得十分荒誕無稽，因為如果別的地方提供你更好的工作機會，十有八九你會開心跳槽，若是你拒絕跳槽，全世界最糟糕的理由就是你感覺跳槽會背叛某種沒有明文寫下的忠誠法規。在職業運動聯盟中，「團隊精神」和忠誠確實是成功的必要條件，但是幾乎沒有人認為「跳槽是種背叛」。運動員為某一支隊伍拚盡全力的同時可能正在協商更好的合同。如果別的地方更有發揮空間，他們會投靠另一隊，並且立刻對新的隊伍全心效忠，發誓在球場上或冰上或其他運動場地上全力廝殺。

職業球隊的經理固定輪換，從來沒有任何混淆困惑，他們的忠誠就是跟著合約走。對工作你也應該抱持同樣的態度，遇到更好的機會白白放過就太傻了。如果你發現自己無法背離對雇主的忠誠，請你想一想，公司對你可不會有這種困擾。

3. 謹遵各種規定和程序，彷彿這些規定神聖不可侵犯。接受公司的政策並且把這些規定當成日常行動的尺度，也有可能使你受害。你該做的是把規定和程序看成窮極無聊的人的發明。

看看大專院校的運作方式。你可別搞錯，這些學校機構也是大型企業，業務目標是永久營運並且賺錢。經營這些機構的行政人員患有「委員會精神官能症」，每一件小事都要成立委員會進行研究，有專門研究課程的委員會，重新規劃課程的委員會，取消課程的委員會，研究實施新課程可行性的委員會，沒完沒了令人厭煩。

如果說委員會最擅長的就是把馬拼湊成駱駝，那麼大學每一天的營運就像是一列無止盡的駱駝隊在原地繞圈肅穆地遊行。成年的男男女女週復一週聚在一起開圓桌會議，討論可行性、「優先順序排列」、重新安排、升遷和終身教職評議、建物修繕、語言要求、評分程序、教學評量、替代程序……無休無止。實際完成的事很少，教授、院長和副校長依然虔誠地每週開會。私下聊起來的時候，他們會承認這一整套活動有多麼愚蠢，委員會要花二十個星期達成的決議，交給一個頭腦清楚立場公正的人可以在二十分鐘內輕鬆完成。

然而正如同機構內時常發生的情況，程序變得比人更重要，儘管這些規定原本是為了服務人而存在的。而在大多數時候，被困在委員會精神官能症迷宮裡面的人似乎熱愛這個迷宮。說到底，倘若沒有這些無足輕重的委員會議要參加，沒有需要一讀再讀的會議紀錄，沒有秩序問題和《羅伯特議事規則》（*Robert's Rules of Order*）需要研究，他們就沒什麼事可做了。

依靠坐著空談謀生的人甚少實際動手做事。他們變成自說自話自嗨的行政人員，成了「彼得原理」（Peter Principle）的真人實證：**奶油會一直往上浮，直到變酸為止**。真正想要做事的人拒絕坐在那兒討論「要是人們願意挪動屁股動起來而不是為每項提議無止盡編織可能的發展，**可以**完成多少事情」。

曾經擔任過大學校長的蓋兒・賽恩・帕克（Gail Thain Parker）在《大西洋月刊》（*Atlantic Monthly*）的文章中描寫了她在一九六九年首度參加哈佛大學教職員會議的情況：

> 感覺像是在觀賞一場以「喊暫停」為目標的籃球賽，沒人想要完賽。場上最活躍的一個人是議事規程專家，不斷跳上台和校長交換意見，校長則是靜靜坐在一面紅色的旗幟前

方，大大的旗子上寫著 VERITAS，這個拉丁字的意思是「真理」。

我也曾經恪盡職守當過六年的大學教授，所以我本人可以證明蓋兒的描述是真實的。教授們召開小組會議，針對某個無關緊要的議題聽取意見，經過三十分鐘的爭辯，結論是成立一個「特設委員會」進行可行性研究，至少要花二年研究才能提上議程。等到被提上議程，還要花更多無謂的時間辯論、咀嚼，再吐回給另一個委員會，簡直是不擇手段阻止這個議題得到解決並付諸實行，儘管這個議題無足輕重到其實只要由承辦人員做出合理的決斷就可以了。

不做事的人用這類無意義的方法獲得自我價值，透過建構巧妙的託辭維持現況，還喜歡美其名曰「民主參與式決策」。在這裡引述北達科塔州議員的一段話讓各位看看，所謂的決策機關能夠吐出多麼沒營養的長篇大論廢話，有時候甚至達到一種滑稽到崇高的境界：

現在我們該做的事情，很明顯是暫緩一切活動，直到我們能夠舉行一場公民投票，選出一個專門小組去指派一個委員會，這個委員會有權聘請新的專家團隊去再次檢討編纂一套索引的可行性，這個索引包含過去曾經盤點編列收錄各項相關研究的所有委員會，研究目標是找出當新政策由另一個人決定實施時，所有那些被廢棄的舊政策發生了什麼事。

如果你參與這類活動，或是因為這類活動而感到不愉快，即使只有一點點，都是在害自己。自從人類發明了議會、委員會、政府等等，這種模稜二可的話術就一直在上演中，不論有多少人站出來討論如何消滅這類言論，未來也將會一直持續下去。唯一的解脫之道就是拒絕參與，執行方法是安靜有效做自己，對你周圍肆虐的瘋狂錯亂言行一笑置之。被指派加入委員會時你可以盡量拒絕，真的推不掉就當個悶葫蘆，只在有必要打破沉默時提出理性的意見。

你可以不要為了委員會的作為而不開心，去做你自己的事，盡量減少參與許多人如此熱衷的廢話大會。不論你是技工、老師、牙醫、計程車司機、花店老闆或做其他工作，永遠不可避免受到來自集體的壓力，舉著進步、民主或更有效率的旗號，要你配合犧牲。但你可以在察覺到委員會精神官能症的時候做出安靜有效的選擇，避免受害。

4. 被引入官僚體制的迷陣，機構就是靠著官僚體制壯大。隨著機構的壯大，與其服務對象之間的距離也越拉越遠。組織越龐大，需要越多官僚機制的潤滑使其維持營運。美國政府是一個經典例證，由數不清的委員會、部會、機關、部門和其他隸屬組織所組成，每一個單位都有主席、首長和其他官僚，這些人全都想要緊緊抓住他們的工作和職權。此外，整個官僚體制雇用的數千人都不想搗亂現狀，生怕一個不小心搞到翻船丟飯碗。於是你發現你遇到的公務員個個膽小怕事，不肯給你直接了當的答覆，因為他們效忠的上級可能會因為他們說實話而懲戒他們。

當你嘗試得到公務員的服務時，你就成了犧牲者。你可以試看看能不能從那些當官當了一輩子的政客嘴裡套出坦率的回答，他們滿嘴跑火車，明明只需要簡單回答是或不是的問題，偏要硬凹成：「我考慮過了可行的方案，並且積極從事進一步研究。」或「我很不願意肯定說是，但在另一方面也不能排除否定答覆的可能性，因為有可能發生迄今為止我尚未得知的其他不測事件。」

官僚是打太極的高手，犧牲者在部門之間被推來推去得不到一個確切的答案是常態。我曾經見識過有人只不過想要在另一州登記車牌，卻被推來推去一整天。大家也都清楚知道申請失業扶助或是去公立醫院看病時會有什麼遭遇，填不完的表單，承辦人員總是有獨門祕招讓人感到不受尊重，用老牛拖破車的速度提供服務。

5. **落入術語織成的羅網。**官僚使用的術語需要一番思量。他們發明了專用的語言，藉此遏止行動，使整個機構賴以運行的模糊大法永存不朽。

心輔工作者用嚇人的專業名詞指稱各種人，他們很快就把人歸類到某個狹隘的心理學術語範疇，忘記了他們在談論的是人類，於是人們被貼上各種標籤：躁鬱、心理病態、反社會、精神分裂、大腦損傷（或腦功能障礙）等等。這些標籤或許對治療師很有用，但是危險在於時常因為人不再被當成人看待，僅是一連串的症狀，結果使人受害。

一旦被貼上標籤，「人」的身分就被全面否定。假如你給一個孩子貼上「自閉」的標籤，而你相信自閉症無法治癒，那麼你就會放棄對這個人懷抱希望。貝瑞・考夫曼（Barry Kaufman）在《*Son Rise*》這本傳記中講述了自家奮鬥的故事，他們夫妻拒絕接受小兒子被診斷貼上自閉症的標籤，全心投入對孩子的輔導教育，終於帶領孩子走出自我封閉的世界。後來他們帶兒子回去找那些給他貼上「自閉」標籤的醫生們，醫生卻說那是誤診，因為自閉症不可能治癒。給別人貼標籤的人就是一遍又一遍用這種矛盾的邏輯來自圓其說，草菅人命。其實更有效許多的方法是**給行為貼標籤**，取代給人貼標籤，例如用「他有長時間躺在床上的行為表現」取代「憂鬱症」，用「他有不說話的行為表現」取代「不語症」。

法律用語是另一個牽連甚廣的例子。法律人處心積慮讓法條撰寫成普通人絕對沒有機會看懂的樣子，然後因為看不懂合約條文，所以必須聘請受過專業訓練的解碼人員來解譯合約、租約、契據、保險契約等文件。簡化法律的一切努力受到法律說客的激烈反抗，試圖簡化離婚訴訟或推動無過失保險條款的公民遊說團體會發現，法律學家擋住了他們的去路，使用的路障正是他們試著除去的那種晦澀難解的語言，藉此保障特定人士的「利益」，這些人的謀生手段就是憑著他們是唯一能懂法律語言的人賺錢，為了阻止「業外人士」插手來分一杯羹，他們會用盡一切必要手段。

政府機關是用語言文字打迷糊仗的專家，最終受害的是尋求服務的民眾。軍方是經典範例，五角大廈（國防部）是美國政府內最大的官僚機構之一，創造出了無法破解的專屬語義子叢，所有規定一式四份涵蓋每一個象限，而且是用最複雜曲折的語言撰寫，保證一般人不可能弄懂裡面的意思。

有個名叫菲利普・布勞頓（Philip Broughton）的六十三歲公務員在美國公共衛生局的官僚語義叢林中披荊斬棘多年，終於靈機一動想出了一個萬無一失的方法把挫折感轉化為成就感，一秒變身術語大師。布勞頓發明的系統有個高大上的名字：「潮流術語系統化生成器」，是一張包含三十個精挑細選「流行術語」的詞彙表，被刊登在一九七六年二月九日的《時報》（*Times*）

雜誌第二十七頁，這份雜誌是《陸海空軍時報》（*Army Times/Navy Times/Air Force Times*）的特刊。

第一欄	第二欄	第三欄
0. 整合	0. 管理	0. 選項
1. 完全	1. 組織	1. 靈活度
2. 系統化	2. 監控	2. 能力
3. 平行	3. 交互	3. 流動性
4. 功能	4. 數位	4. 編程
5. 回應	5. 後勤	5. 概念
6. 非強制	6. 過渡	6. 時相
7. 同步	7. 漸增	7. 投射
8. 相容	8. 第三代	8. 硬體
9. 平衡	9. 政策	9. 偶然性

《時報》的報導作者法夸爾森（W. J. Farquharson）解釋了這張表的用法，官僚們可以憑著這張表輕輕鬆鬆完成模糊事實的任務。「隨便想一個三位數字，然後從每一欄各自挑出與數字對應的流行術語組合在一起，例如數字七三六的組合就是『同步交互時相』，這個聽起來極具權威性的詞彙幾乎可以用在任何報告當中，沒有人能聽得懂你在說什麼，重點是沒人會承認他們毫無概念。」

這種語言遊戲在擁有專用術語的差不多任何機構都能玩得開：大企業、醫藥界、法律界、精神治療界、保險業、會計業、公共服務機關等。逃脫官僚體制吃人賽局的主要辦法是能避則避，避不了至少要完全了解遊戲規則再入局。你可以告訴自己不管遇到什麼事都別生氣，你可以盡量避免和官僚機構人員打交道。不要理會他們使用的語言和其他官僚式路障，絕對不允許自己被捲入同樣的荒謬行為。

6. **無法理解官僚機構的錯亂邏輯**。除了盡量不使用直接的語言，官僚的另一個特色是行事沒有邏輯，純粹跟著規定和確定的先例走，完全不管有沒有道理。這裡有兩個非常能夠說明問題的實例，二則都是真實故事。

- 牛奶車：喬是一個送牛奶的工人，開自己的卡車送貨。有一天車被偷了，讓他驚惶失措。幸好警察把車找了回來，約翰去當地警局領車，他因為沒有別的收入來源所以很急迫，但卻被告知車子要扣押作為證物，等待大約三個月之後的審訊。

喬在每一個官僚部門都聽到同樣的說法，明明是他的車他卻不能領回，儘管喬需要卡車才能謀生掙錢——除非他願意撤回對小偷的告訴！要是他堅持提告，就會因為三個月沒有卡車而受害。

喬拒絕承受雙重迫害，所以他乾脆撤告，小偷被釋放。這個世界的官僚機構就是這樣，運作方式往往是犧牲那些他們要服務的民眾。喬接觸的每一個人都說對這件事無能為力，他被各部門推來推去踢皮球，直到他終於忍無可忍，決定在被他們搞瘋一起錯亂之前趕快閃人。

- 未亡人：南皙的丈夫突然過世，如同這類案例的常見情況，南皙被禁止動用所有資產，包括她自己的錢，全都卡在遺產處理程序。

南晢等了漫長的四年，遺產終於清算完畢。每一個迫害她的官僚都跟她說，他們很抱歉，但事情就是這樣運作的。南晢自己的銀行帳戶連同所有共同財產全部被凍結，只因為那些穿著灰色棉絨西裝的無腦官僚想要花四年的時間辯論應該如何處理南晢的收入。由於拖的時間太長，還有好幾個貪婪的律師加入染指，獅子大開口索取六成的遺產作為法律費用和手續費，所以南晢不得不想辦法再兼一份工來付帳單。

這類迫害事件唯一的勝出之道，就是不要老實辦理死亡宣告登記，或是隱瞞資產不要被那些對遺產虎視眈眈的官僚發現。法律本應服務民眾，卻很諷刺地變成鼓勵民眾鑽法律漏洞以求生存。

法國作家巴爾札克（Honoré de Balzac）說過：「官僚組織是由侏儒管理的龐大機構」。倘若你不夠警覺、不夠有恆心、不痛下決心不受各種謀略的迫害，那麼你可能會發現自己被官僚吃得死死的，機構吃人的觸手會把你一口捲進肚子裡吞掉。下面列出了一些機構和其代表人常常用來迫害你的方法，還有一些你可以實行的具體建議，保護自己不落入官僚的魔爪。

剷除機構迫害的對策

・最重要的是，你必須轉換整個思想架構，擺脫使你受害的所有想法，像是：「我算不了什麼，公司才重要」、「世上的機構比組成機構的個人更重要」。每一次你發現自己做出自我犧牲的行為，為了機構而放棄個人時間，你應該評估一下，這真的是你想要的嗎？為了滅除你自己掙來的奴隸地位，你需要承擔一些風險，但首先你必須完成最重要的心態轉換，把你個人放在必須效忠的清單第一名。

・和你最重視的人一起評估你的人生優先順序清單。找家人討論你的行為表現和你追求的目標，問問他們對你的工作責任有什麼看法，是否感覺被你忽略？列出你真正想要實現的事情，並寫下原因。然後檢視你自己的行為，你是否正朝向自己渴求的自我實現邁進？還是在原地挖坑愈挖愈深？你必須先看清全貌，才能做出改變，開始踏實過好每一天，走上追求幸福的大道而不是整天神經兮兮。

・逐步增加個人的安靜時間、隱私時間，留更多機會去做你真正重視的事。起初你可能必須強迫自己在工作中排出空檔、花時間陪伴孩子或配偶、睡午覺、和你喜愛的人出門用餐，或是和一直以來被你忽略的人談談。只要開始抽出一點點時間給自己，到最後將變成有益健康的固定習慣，讓你得到滿足感。

• 練習安靜有效地讓你的心靈從被機構奴役的緊張壓力之中解放。不要告訴任何人你的新態度或計畫，只要讓你的心靈朝向自我提升的方向前進。停止把大量時間花在開會、出差，或親自監督業務。練習在離開辦公室或工廠的同時把工作留在腦後，不要重複去想當天發生的每一件事，也不要為了明天或明年的業績傷神不已。聊天的時候，不要再叨叨絮絮淨談工作上的煩惱，試著聊一聊家人的感受、他們的成就、**他們的**抱負。讓你的心靜下來，留幾分鐘空白的時間就好。當你發現自己在想著工作上的壓力，盡量把那些和工作有關的念頭全部推開。度假的時候，練習享受你辛苦賺來的整段休憩時間，不要把時間浪費在擔憂未來或重溫過去。事業成功的一個最健康的訣竅就是學著定期把工作拋在腦後，這也能讓你在回到工作崗位的時候煥然一新，效率更高，而且能夠從更棒的新觀點去檢視你的工作。

• 從你的字典中剔除「退休」這個詞彙。告訴自己你永遠不會退休，就算離開目前的工作，你依然會是一個富有生產力的有用的人，生活照樣滿是歡樂。別再去想未來的歲月如何如何，把現在過好，做有價值的運用。不管你現在幾歲，倘若你相信有一天你會退休，終日閒坐賞鳥觀夕陽，趕快醒醒吧！無所事事只會讓你感覺自己很沒用，儘管退休社區用這幅畫面打廣告吸引了大批住戶。你在這個星球上被分配到的每一刻都能活得充實，活得無拘無束，年紀永遠不會是束縛你的因素，除非你自己讓年紀束縛你自己。只要你活在當下，活在每一個現在，永遠不會有「退休」的一天。所以把退休的想法趕出你的腦袋吧。如果你很討厭現在的工作，留任只是為了撐到符合領退休金的規定，最好重新考慮一下，你真的想這樣耗盡一生毫無建樹嗎？不要再用延遲滿足那套理論說服自己了，記住，未來無常，搞不好你犧牲了一輩子，然後在終於等到退休的那一刻暴斃。

• 如果你不喜歡機構指派給你的任務，對你工作的地方充滿怨念，那就離開吧。不要害怕冒險。如果你熱愛工作，想要在能夠讓你得到成就感的工作中盡心盡力完成職責，你就不會忍受除此以外的情況，你將會很快找到新工作。你不必永遠停留在目前的位置，只因為今天你碰巧坐在這個位置，而且留下來比不斷前進要更容易。冒險是拒絕成為機構和官僚體制犧牲者的核心精神。

• 用彷彿只剩六個月壽命的態度去過日子。如果你認真思考時間和無限的千億萬年，你的壽命忽然變得像是轉瞬即逝，六個月感覺像是六分鐘。倘若你知道你只剩六個月可以活，你會有哪些不一樣的做法？然後再問問自己這個非常實際的問題：「究竟為什麼我現在沒有在做這些事？」現在就去做吧！

・不要再用「我有責任要……」這樣的藉口說服自己為什麼你不能實現自己的人生願望。加害者會試圖讓你覺得你對機構有所虧欠，你必須向機構證明你的忠誠，所以應該犧牲小我付出時間和勞心勞力，做的比你領的薪水更多。但是你要記住，不管是有意或無意，那些加害者只是在做**他們**領薪水該做的事，也就是盡力從你身上榨出最多價值。你幾乎隨時都可以卸下那些堂而皇之的責任，過著幸福的人生，特別是如果你不再為自己的不幸找藉口，開始用不同的方式去做事。

・仔細看一遍前面詳述過的每一項A型行為特性。給自己一些練習活動，戒掉追趕期限、說話像機關槍等行為。放慢步調，品味人生的每一刻。

・別被權力的道具誘惑，像是因為努力工作被授予的頭銜、升遷、頭盔上的貼花、飾帶、更大的辦公桌、在洗手間的門上掛你的名字等各式花樣。這些光榮的象徵吊在你面前晃啊晃，讓你相信被授予這些東西會使你變得更有價值。如果你還記得你的價值來自於內在，就不會被想要收集更多權力道具的欲望打敗。其實那些權力道具只不過能讓你得到「**剎那**的讚賞」，每個人見到你就說一聲好棒棒而已。如果你的內心不安寧，世上沒有任何道具有任何意義，因為你的人生將是一片枯槁，這一點你自己最清楚。

• 坦率拒絕擔任你認為沒有價值的委員會職務。有禮貌地婉拒加入，如果被指派不得不去，那就只列席但不積極參與。你會很驚喜地發現逃離愚蠢的委員會和工作研究小組是多麼好玩的一件事，還會發現自己真是創意大王，怎麼有這麼多花招去消滅生活中這些惱人的小蒼蠅。

• 丟掉愚昧的自我要求，別再每一件事都要求做到超凡，同時停止對你所愛的人這樣要求。讓自己單純享受「做」的樂趣。試著單純為了好玩去畫一幅畫，別擔心「我畫的不好」，享受畫畫就對了。對待生活中的每一件事都盡量用同樣放鬆、不帶競爭意識的態度，而不是對自己施壓，事事都要完美無瑕。問問自己，為什麼你要給自己這麼大的壓力？或許你的家人也受到同樣的壓力。你會發現當你停止在沒有必要也沒有幫助的領域爭強奪勝，你在那些必要或有幫助的領域所擁有的競爭優勢會更強大。

• 偶爾拋開手錶和行事曆，看看你能不能過一天不按表操課的生活。按捺住跟著時鐘走的衝動，想吃東西就吃，想睡就睡，想說話就說，不必去管什麼時間「應該」做什麼。

結語

你的工作可能是喜悅的泉源，也可能是致命的迫害之源。現今鮮少有人純粹因為身體過勞而亡，不像一百多年前世上某些地方無數奴隸對這樣的命運習以為常，但是今日有許多人死於過度擔憂和過度焦慮。倘若你在任何方面受到機構的迫害，不論你是自甘被奴役還是因為過分忠誠而受害，或是因為你把機構的規定奉為聖旨，你都可以做出改變，現在就發誓改變你的心態和行為。人生只有一次，為什麼要讓自己活在人造機構的支配之下呢？很顯然你不應該這麼做，當你決定不再當個犧牲者，你將不會再被支配。

第8章 區分評斷與現實

世上一切事物的存在，與你如何看待這些事物毫無關聯。

評斷VS.現實

本章要闡述的重點乍聽之下可能有些不容易理解，那就是很多人因為相信自己對「真實」的評斷而忽略了現實，結果害了自己。

別急著否認你不屬於這類人，先看一下隨處可見的證據：幾乎人人每天使用的字句措辭都是對現實的評斷，而且用的理直氣壯，彷彿是在反映現實。舉個例子，人們常說「今天是個好日子／壞日子」，這句話看似無害，但其實並沒有「反映現實」。日子的好或壞，完全取決於你的評斷，假若你習慣認定雨天很糟，那麼每逢下雨天你就會斷定是個壞日子，或許全世界大部分的人（除了農夫等人）會同意你的看法，但事實上，日子就是日子，不論你選擇把這一天貼上好或壞的標籤，都不會產生任何影響，這一天就是會這樣過去，與你的評斷沒有任何關係。

講這些好像跟你受害的現實問題八竿子打不著關係，拿「今天是個壞日子」這種人畜無害的說法做文章，像是在雞蛋裡挑骨頭。然而在生活中的某些方面，現實與評斷的混淆將使你受害，所以絕對有必要清楚區分這二者——想想看，只不過是下點小雨，你就讓自己生命中的一整天被陰霾籠罩，值得嗎？如果你相信你的評斷就是現實，並且根據這種信念過日子，等著你的將會是滿坑滿谷自找的苦惱。你會期待這個世界成為你想要的樣子，然後因為事情沒有照你的期望發展或是跟以前不一樣而沮喪，甚至更糟糕的是因為堅持你想要的發展而沮喪，矛盾因而產生；一旦你認清了現實就是現實，不再因為世界的正常運轉而傷害自己，矛盾就自然而然消除了。

在此引用一小段史蒂芬・克蘭（Stephen Crane）一八九九年的詩作〈戰爭是仁慈的〉（*War Is Kind*）：

> 一個人對宇宙說：
> 「閣下，我存在於此。」

「即便如此，」宇宙回答道，

「此事與我

並無干係。」

這是現實的本質。世界並不欠你什麼，不管是你的生計或快樂的人生，你越是覺得這世界虧欠你，就越難得到這些東西。現實就是現實，無論你有什麼要求或堅持，或是再怎麼因為你對現實的看法而作繭自縛，現實都不會受到影響。

這並不表示我們不應該努力去改變不公正的情況，去改變這個世界不好的部分；進步與成長的核心就是改變。但你可以接受已經發生了的事情就是發生了，你可以從中學習，但不值得為了已經發生的事生氣難過。現在正在發生或你無法改變的事，也不值得你傷神；你不必斷定這些事是好或壞，只要把他們視為存在的現實即可。你預測可能發生的事，你或許能夠改變的事，請你動手去改善，但不要**堅持**事情一定要成為別的樣子，然後在不如己意的時候感到挫折。

經常咒罵現實的人，命中註定充滿不必要的怒氣與挫折，他們常把下面這些話掛在嘴邊而害了自己。

• **「這件事現在不應該發生。」**

事情**正在**發生你卻叨唸著不應該發生，只是把自己搞得心情不好而受害。你愈是因為堅持現實不應該是這樣而沮喪，就是把神經質的鎖鏈捆得愈緊，緊緊勒住你的世界。試著換個說法：「這件事現在正在發生，我要盡力阻止，或者保證下次不再發生。」

• **「這個世界很殘酷。」**

拒絕接受現實並且斷定這個世界很殘酷的人，忽略了世界本身並不殘酷的事實；再說一次，這個世界就是這樣。「殘酷」是人製造出來的標籤，用來責怪這個世界並不總是我們想要的樣子。你大可以愛怎麼責怪世界就怎麼責怪，然後為此生氣苦惱，世界只會繼續維持原本的樣子。比較現實取向的想法是：「這世上有一些我想要改變的事情，我要動手去做。那些我無法改變的事情，我討厭的事情，我會停止期待事情變得不一樣，因為這樣的期待結果必然會落空，因此使我失望。」

• **「人們惡毒又冷漠。」**

同樣的，我們用「惡毒」和「冷漠」這些字眼表示對人們某些行為的不滿。事實是，人們時常做出你自己不會選擇去做的事，你可能會根據自己的信念斷定其中某些情況應該受到譴責（或是更嚴厲的懲處）。

你該做的是自己不要做出那樣的選擇，並且努力不讓那類行為侵害到你或其他人的權益；若受到侵犯，盡你所能阻止，但不要浪費精力去給那些人貼標籤，然後允許自己沮喪失望，為了這些事情的存在而讓自己坐困愁城。最重要的是，不要兩手一攤無奈地說：「**人們通常**惡毒又冷漠」，這樣是放棄對所有人抱持希望，**包括你自己**，因為等於放棄你自己的人生。這也顯示出為什麼我們應該給行為貼標籤，而不是給人貼標籤。人會變，不會永遠完全符合任何單一的小框框。「他們正在從事偷竊和粗暴的行為，我不會容忍」這種說法可能聽起來有點怪，但卻是更有效的方式，你應該用這種方式去看那些**行為**令你反感的**人**。

- **「那件事真是太可怕了。」**

事並不可怕，只有在人的心裡才會感到怕。世上並不存在「怕」或「恐怖」，這些詞彙僅是用來表達人對某件事的評斷。你可以不必勉強自己喜歡已經發生的事，但你更不必把事情貼上「可怕」的標籤，然後全神貫注於恐怖的感受，彷彿恐怖真的存在，這樣毫無益處。不管是搶劫、破產或意外，你可以簡單地承認你不喜歡的事情發生了，你可以從中學習，同時記住，對事件的評價是人所賦予的，事件本身只是發生而已，這個世界不會去評價事件。你想要用任何標籤去評價事件都可以，**只要這個貼標籤的過程不會使你受害就好**。然而一旦使用「可怕」的標籤，通常會使人想起可怕的感受以致不敢行動，受困於原地，而且倘若事情是發生在你身上，還可能招致大量同情的眼光使你受害更深。

若是我們的評斷使我們無法享受當下，或者提供內在的藉口讓我們做出自我毀滅的行為，這種評斷就是有害的。若是對現實的評斷不會使我們受害，並且使我們開心快樂，這種評斷當然值得保留，前提是我們要搞清楚評斷與現實的區別。舉例來說，「美麗」是對現實的評斷，當我們說一朵花很美或芳香宜人，並且享受欣賞這朵花，這是一件很棒的事。同樣的，當我們給行為貼標籤時，像是振奮人心的、空前絕後的、充滿愛心的、出類拔萃的，或其他成千上萬的形容詞，這並不會使我們受害。唯有當評斷使我們不敢行動，當評斷與現實混淆，或是當評斷成為我們的藉口把自身處境歸罪於其他人、歸罪於上帝或這個世界，這樣的評斷必須加以質疑，並且連根拔除。

不要拿現實害自己

請你認真看看這個世界以及世上的人，注意這個世界如何運轉，仔細觀察我們稱之為「現實」的所有構成元素。不論你看到了什麼，你要練習不讓自己被你觀察到的現實所害。我們居住的這個星球如何運轉，我們大概可以預測到十之八九，對於居住在這個星球上的人亦如是。真正的非犧牲者不會花大量精力去做無謂的抵抗，他們會順應趨勢，安詳享受並且喜愛在地球上逗留的時間。

當你駐足欣賞，你眼中所見的現實將顯得多采多姿。沙漠炎熱多沙，你想要的話可以內心抗拒，也可以抱怨連連，沙漠只會依舊炎熱。但你也可以選擇用新的眼光環顧四周，開始享受沙漠原本的樣子。你可以感受熱度蒸開毛孔，可以看到和聽到小蜥蜴四下奔跑，欣賞仙人掌花，觀看老鷹在空中翱翔。欣賞沙漠的方式百百種，只要你不選擇先入為主認定沙漠很無聊、抱怨很熱、但願自己身在別處，或是其他拿現實害自己的種種愚蠢作為，就能從中得到樂趣。

你可以用許多不同方式體驗大雷雨。你可以害怕、躲藏、譴責、詛咒，這幾種選擇將會剝奪你充分體驗這個刺激時刻的機會。你也可以放飛自我，用身體去感受，去傾聽、嗅聞、愛撫，享受狂風暴雨的獨一無二感受。風雨過後你還可以仰望放晴的天空，觀賞雲朵成形，看看風雲追逐的萬千姿態，盡情享受每一刻現實。

依此類推，你可以選擇在各種現實中得到滿足：參加派對、開委員會、獨處的夜晚、觀賞芭蕾舞表演、看球賽，或是吃飯。

無論是何種現實，都能成為美妙的體驗——或者你也可以選擇拒絕敞開身心去感受，做出不實的評斷而使自己受害——你的現實在很大程度上是你做出的選擇的結果。想一想其中的因果關係，你會發現沮喪對事情沒有任何幫助，你卻允許自己陷入消沉沮喪，什麼也不做，實在太愚蠢了。不管你沮喪不沮喪，現實給予你的回饋是一樣的，神志清楚的人會做出什麼選擇毫無懸念：既然沮喪或不沮喪對現實沒有任何影響，那麼選擇沮喪的人必定是腦筋有問題。

梭羅在華騰湖畔寫下：「我從未出力幫忙太陽升起，可是，不容置疑的是，太陽升起時在場才是最重要的。」這正是非犧牲者的心態。在場享受，放慢步調，認清為了事物原本的樣子而沮喪是多麼愚不可及的一件事。別再相信有「壞日子」這種東西，停止自欺欺人，日子就是日子，星期三不會管你喜歡或不喜歡，照樣是星期三。你的選擇只會使**你一個人**難過。

對己不利的信念

我的這個信條，華生，是根据我的經驗來的，那就是，即使是倫敦最下等、最惡劣的小巷，也不會比令人愉悅的美麗鄉村裡發生更駭人的罪惡。

亞瑟・柯南・道爾爵士（Sir Arthur Canon Doyle）
《福爾摩斯探案集》（*The Adventures of Sherlock Holmes*）

這位家喻戶曉的神探道出了非常基本的真理。列於「信念」這個條目之下的事物，像是「罪惡」，是由**你**自由心證。你的罪惡僅源於你相信自己有罪，世上的每一個人都能用自己選擇的任何方式斷定什麼是「罪」。

如果你的信念以某種方式阻礙你在當下採取有效的行動，就是害了你。儘管你對現實的大部分信念正確無誤，而且能幫助你充分發揮自己的功能，但其中仍有不少與現實不符，可能導致不良後果。以下列出可能造成危害的三種最常見典型信念，造成危害的主因則是並未如實反映現實。

1. 好與壞。如果你相信現實中的事物有好有壞，就像世上有紅色也有綠色，然後花時間去評斷好壞，或是猜測哪些是好的哪些是壞的，那麼你註定會遭遇不必要的挫折，甚至更糟糕的情況。好與壞是對事物的評斷，而且通常是基於個人偏好的評斷，你喜歡或贊同的事物是好的，其餘則是壞的。因此當你遇到某個人跟你不一樣的時候，你可能不會給他貼上「不一樣」的標籤，而是直接貼上「壞」的標籤，藉此正當化對這個人的仇視、對抗，或是這個人引發的不愉快感受。路上遇到障礙、買到的產品有缺陷、馬路有坑洞等等，通通都可以貼上「壞」的標籤，壞事無所不在，所以你的悲觀厭世是合理的。另外，你也可能因為別人把對好與壞的看法套在你身上而受害；如果有人認為你的行為是「壞的」，並且僅僅因為這個原因強迫你改變行為，你可要提高警覺，不要輕易無端中計受害。

人們總是在給事物貼上好與壞的標籤，大抵是用一種「做出評斷然後拋在腦後」的方式取代完整的體驗。比方說「壞的氣味」這個概念，你或許不喜歡某種氣味，可能是因為身體在警告你不要吃下發出那種氣味的東西，但現實是氣味本身並沒有好壞。同樣的，人們說他們養的貓很壞，會去抓鳥；但是貓只不過是做貓會做的事而已，「壞」這個字眼並不適用於動物，因為動物只知道按照本能行動。貓狩獵是本能，倘若你因為貓狩獵就說貓很壞，並無法改變任何事，只會讓你對現實有不切實際的期待而受害，不管你期待的現實是什麼樣子都不可能成真。如果好與壞的這套信念正在使你受害，你可以轉換想法，改用**健康／不健康**、**合法／不合法**、**有效／無效**、**行得通／行不通**這些基於事實的二分法，這種分類法才可能有真實的意義。

2. **對與錯**。這也是人創造出來的詞彙，說這種行為是對的、那種行為是錯的，這件事是對的、那件事是錯的。然而現實並不會使用這種評斷。假如某人讓你相信你是錯的，不管是在道德或其他方面有錯，他就能擺弄你，直到你做出「對的」行為，而所謂的「對」通常只是因為大多數人這樣做，絕對不是因為你的立場有什麼神奇的對錯之分，任何一個客觀的旁觀者都能立即看出某人眼中「對」的行為在另一個人眼中是「錯」的，反之亦然。對與錯純粹是評斷。

很多人在愚蠢的戰爭中被派去送死，只因為「這是對的事」，儘管最後的結局是雙方握手言和。人們常常相信對國家、團隊、派系或諸如此類事物的忠誠永遠是對的，持相反的看法絕對是錯的。人們說忠於家人**永遠**是對的，永遠都要說實話因為這是對的事，結果害了彼此。同理，罵髒話是錯的，打哈欠、打噴嚏、亂抖動或摳鼻孔也都是錯的。為什麼？因為人們決定不准許這些行為，而不是因為這些事在本質上有錯或永遠是錯的。你必須靠自己做出決定，決定你的行為是否能夠有效達成正當的目標，而不是決定你的行為是對是錯。要拆穿別人說「你是錯的」這種加害方式，一個方法是要求對方把「錯」替換為具體的描述，說說看你有什麼害到別人的行為；如果對方說不出來，一個可能是他單純被對錯的信念誤導，另一個可能則是他就是要陷你於不義。

3.美與醜。美醜的評斷用在人身上的時候，是最惡毒的徹底不現實。現實是沒有誰比誰更美或更醜，人們只是長相不同。大鼻子並不醜，除非你選擇斷定大鼻子是醜的；毛髮濃密、高矮、胖瘦、皮膚黑或白全都各有其吸引力。當美醜變成拿來衡量每一個人的標準，就會被那些能夠得到多數人認定為「美」的人當成工具，用來貶低其餘的人，占盡便宜。不過你無須認同你不想認同的任何事，尤其最不必認同使用美醜這類詞彙把某一類人抬高置於另一類人之上。倘若你對自己的容貌因為受到其他人的影響而有錯誤的信念，趕快擺脫那些標籤，停止自己害自己，驅逐那些對你有害無益的「非現實」觀念。

馬克・吐溫（Mark Twain）曾經寫下這樣一句話：「人類是唯一會臉紅或需要臉紅的動物。」你認為馬克・吐溫是否知道，臉紅是對現實作出評斷而產生的反應，由於動物只會接受現實不會做出評斷，所以不會因為不好意思而臉紅？我們當然不想像動物一樣沒有評斷的能力，但或許可以向動物借鑑，學習如何不要讓我們對現實的信念害了自己。

不存在於現實的一些事物

下表列出的一些詞彙，各位可以當成消遣看一下，都是並不存在於現實的評斷，但是很多人如果不用這些詞彙簡直沒辦法活下去。想想看，你真的需要這些評斷嗎？

這是災難　完美的人　運氣
蠢蛋「群眾要求」　正常的態度
錯誤　保證　幾乎
醜到爆的洋裝　壞的氣味　美呆了的髮型
最好的酒　你當時不應該　永遠
差勁的語言　好日子　不適當的文法
成功的職涯　一個偉大的人類　美麗的女人
味道過重　可怕的景象　壞的禮儀
正確的方式　一點點懷孕　一個好男孩

讓人沮喪的遊戲　笨人　劣等的麵包
不值得的送死　膚淺的人格　壞的事故
噁心的展示

記住，我不是在批評這些概念的使用，僅是質疑這些概念是否存在於現實。上面每一條都是對現實的評斷，如果這類評斷不會害到你自己，那麼我會說你愛怎麼評斷就怎麼評斷；但如果在任何方面使你受到最小的損害，請注意你有必要重新檢視自己的信念，改換為奠基於現實的新信念，同時也是自我提升的新信念。

靜心培養現實觀

正如同身體需要活動與休息適當交替，才能維持健康並且充分發揮功能，心靈也是如此。在你努力減少對現實做出自貶評斷的過程中，必須培養的一項最重要的技能就是學習靜下心來摒除所有念頭，包括思考、分析、盤算以及一再重複播放往事。

想太多可能成為一種病，我知道的很多當事人患有「心靈躁動症」，他們死命分析世上的一切，從不允許自己享有片刻安詳放空的自由時光。享受現實最好的方式就是什麼也不想，單純地活在當下，用心體驗。

回想一下你曾經有過最美好的經驗，是什麼讓這個經驗如此特別？你是如此沉醉其中，所以在整個過程中甚至不會意識到你對這件事有什麼想法。你這輩子最棒的性愛經驗是什麼樣的？無論是在什麼樣的情況下發生的，在實際進行的過程中，你是如此專注於行動，專注於愛，你的心思不會放在努力得到愉快的感受，完全不會想到要做什麼分析或省思，而是讓身體憑本能行動，也就是擁有美好的愛的體驗，不會去思索怎麼回事、為什麼、怎麼做，或任何其他嘈雜的念頭。

近年來風行的冥想反映出人們自然的渴望，面對現代社會的紛紛擾擾，我們渴望學會靜下心來，維持健全的生活。冥想不是什麼獨門祕傳功夫，必須花時間（和錢）請專門的大師傳授自古相傳的祕訣。冥想是一個非常簡單的過程，釋放思慮過度的心靈中累積的緊張和壓力，讓你的心安靜下來放鬆。你可以專心想某一個顏色，或是完全放空，或慢慢重複單一音節，直到排除所有其他雜念。每當某個盤踞不肯離去的思緒試圖闖入你的心田，你就把它推出去，拒絕進入——告訴它，等到設定的冥想時間結束以後再來。初學者可以把冥想時間定為十五秒，練習一段時間以後逐漸加到二十分鐘。這種心靈的休息和讓身體定時休息同樣重要，而且你有能力在你選擇的任何時間執行。

存在VS.思考存在

學習真實的存在，其實就是在學習**不要**思考。「真實的存在」意味著單純允許自己投入某個活動，自然而然行動，不會因為你的腦袋忙著瞻前顧後、分析計畫而受到干擾或影響。舉例來說，一旦你的身體學會如何完成某項任務，持續不斷地思考只會妨礙你的身體執行這項任務。

以日常活動為例，比方說開車，經過思考與訓練學會開車以後，你不會在每次開車的時候一直考慮身體該怎麼動，而是讓身體自然而然行動。轉彎的時候，你的腳放開油門踩煞車減速，手則是轉動方向盤讓車子順暢過彎，同時要保持在車道上、不要撞到護欄等等，然後鬆手讓方向盤轉回來、重新加速等。倘若你開始認真思考並且擔心每一個分解動作，八成會難以維持動作的連貫，喪失協調性，把整件事搞砸。你一定見過那種一直想著該怎麼開車的駕駛，似乎永遠走不出「把動作拼在一起」的階段，以致行動顯得笨拙猶豫，戰戰兢兢緊握方向盤好像在瞄準車子，彷彿只要略一大意車子就會衝出馬路，每次轉彎都心驚膽戰，擔心車速、擔心超出車道。簡而言之，這類人沒有學會如何不假思索去做這件事，所以動作無法熟練。

運動也是如此，例如網球、籃球、桌球，當你不去想的時候表現得最好。如果你靜下心來，讓身體自然而然行動，就能打出漂亮的反手拍、截擊等等。網球常被說是一種心智的比賽，教練總是大談特談心態的重要。腦袋夠放鬆，不會緊張，能夠讓身體發揮訓練成果的選手，表現最為亮眼。

我看過很多場網球賽，挑戰衛冕冠軍時，挑戰者一開始領先，主要是因為他們放開來打，沒有贏球的壓力，所以不會擔心，單純讓身體自然表現，球球威猛無比。然後等到領先可觀的幅度以後，他們開始思考，搞不好真的會贏。現在有了需要保衛的東西，他們開始逼迫自己，腦袋接管了身體，下手不敢再那麼重，試圖「控球」，於是很快敗下陣來。要是他們能靜下心保持放鬆，讓身體自由發揮，很可能不會失去優勢，繼續一路領先。如同前面曾經說過的，想要贏就不能想著贏。

不論哪一種運動，優秀的選手總是行動自然，不假思索，因為他們的身體已經被訓練到能夠在比賽的特定時刻立即做出精準的回應，心無旁騖。據說訣竅是專注，若真是如此，也是一種與反覆思考、分析、列出問題所有面向相反的專注，更像是冥想，而非思索或推理。瑞克・貝瑞（Rick Barry）在充滿壓力的職籃賽場上罰球命中率高達九成，不是因為每次投球的時候認真想好每一個動作，而是因為他**不必**去想肩上背負的壓力或其他任何事。美式足球四分衛強尼・尤尼塔斯（Johnny Unitas）不會在每次傳球的時候思考手臂、腿、手指等地方該怎麼動。頂尖運動員不會花時間「留意」可能出問題的每個方面，就像你隨手把一團廢紙扔進垃圾桶時一樣不會想太多。

是這樣的，你可以用同樣冷靜的態度去面對你參與的球賽，事實上人生的所有大小競賽都應該用這種態度去應對。假設你網球的反手拍打得很差，但是隔三差五就會「不經意」打出致勝球，咻地一下過網落在刁鑽的位置，那麼你該知道你的身體知道怎麼打球，只要你不一直用思考去打斷就能打得很好。在「不經意」間，真正的、自然的熟練度會展現出來，「不經意」其實就是打球的時候不要去想，單純讓身體發揮。

性行為是另一個需要靜下心來的領域，才能突破障礙，單純不帶評斷地去參與現實。你有沒有聽說過十四歲的男孩需要人教怎麼勃起？想必是沒有。但你卻很可能聽過四十歲的高階主管需要循循善誘學習如何勃起。不舉和其他「延遲」的自然行為一樣，起因通常是有心事、分心、焦慮、衝突，腦袋不肯放開其他事物，像是工作的煩惱，以致身體無法做出最熟悉不過的反應。諷刺的是，大部分性治療的重心放在教導人們停止思考，停止擔心自己的性表現，從而消除喋喋不休的活躍頭腦加諸於身體上的壓力，這些壓力很容易阻礙身體的運作。只要靜下心來享受和伴侶在一起，而不是讓腦袋像跑馬燈一樣轉個不停，就能得到最棒的性經驗。

眾所周知，許多身體疾病如果不一直去想那些症狀的話，症狀就會真的減輕——只要你不做任何其他會加劇病情的事。現在愈來愈常運用冥想搭配適度的運動，取代藥物去打破慢性背痛「痛—緊繃—更痛—更緊繃」的循環。再想一想普通的感冒，常常去想、去談論甚至「沉迷其中」就很有可能加強感冒的症狀，但其實身體會在有更迫切的任務時自然而然壓抑這些症狀。

霍華德正要去體驗第一次跳傘，離家的時候他的感冒很嚴重，鼻塞、流鼻水、咳嗽通通來。抵達機場以後，他馬上全神貫注於跳傘這件事，首先要聽跳傘教練的說明，複習一遍所有指示，然後上飛機，調整好他的降落傘，倒數讀秒，站到跳台上擺出正確姿勢，以及其他一連串動作。整整二個小時他的心思完全被跳傘過程的興奮與刺激佔據，等到他活動與挑戰結束，終於回到車上準備踏上回家的漫長路程，他突然發現前二個小時暫時消失的鼻水又跑出來了。

在他全心投入跳傘活動的過程中，沒有去注意感冒，也沒有注意自己的身體，而他的身體則是持續不斷與感冒「作戰」，同時自然地「治療」感冒症狀，其原理和人造藥物所模仿的機制相同。

我曾經遇過一個當事人有跑廁所的問題，她知道這個毛病是一種身心症，因為只有在她必須做討厭的事情時才會發作。可是她確實不得不整天繞著廁所規劃行程，不敢開車去太遠的地方只因為怕找不到廁所。經過數個月的靜心練習，學習不再把焦點放在拉肚子和對抗拉肚子，因為這樣只會增加壓力使情況惡化，她成功克服了這個困擾。

當你的思維只會使你受害時，這種「不要去想」的策略可以非常有效消除許多病症。顯然這不能取代正統的醫療，但是當問題的原因純粹在你的頭腦裡，或者當頭腦會使身體問題的症狀惡化到遠遠超出其真正的嚴重程度時，學習放鬆，停止思考，單純地活在當下，就是對抗身體疾病的超強大解毒劑。

當然啦，暴食和節食提供了更多絕佳的例子，讓我們看到想太多可能造成的危害。你的身體知道如何達到正常體重，超重幾乎可以肯定是你的想法有問題，而不是因為任何身體缺陷。只要停止對食物的偶像崇拜，下定決心在你的身體不再飢餓時立刻停止進食，你甚至不必去想節食這件事。通常只要幾口食物，你的**身體**就會滿足，飢餓所造成的身體上的痛苦就會消散。你之所以會繼續吃下去，是因為你的腦袋停不下來，一直在想食物。你或許會告訴自己，你「應該」吃光碗裡的所有東西、現在是用餐時間所以該吃、不多吃一點二十分鐘以後又會餓、烤肉太美味不吃可惜、巧克力聖代不吃是種褻瀆等等理由。你期待大吃大喝，你對飢餓有不理性的恐懼，甚至在肚子填飽以後依然感覺「餓得要死」。然而現實是你的身體被塞進了太多食物而受害，而且你很清楚知道這一點。

減重最有效的方法之一，就是一次只撈一湯匙的食物放進自己的碗裡，每吃一口就問問你的**身體**還餓不餓，不餓的話就此打住，別再多吃任何一口，直到你的**身體**想要吃東西再吃。餵給你的身體足以滿足的食物即可，身體並不喜歡被塞得滿滿的，肚子又撐又脹。吃太多是很痛苦的一件事，若能讓貪吃的心安靜下來，接收身體試圖阻止你吃太多所發出的眾多訊號，就能與身體達成休戰，身體將會獎勵你，調整至最理想的體重。那種緊繃扭絞的感覺、爬樓梯時氣喘吁吁、脹氣痛等等，都是身體發出的訊號，希望你不要強迫它，它只想吃到維持正常運作所需的份量就好。在吃東西的方面靜下心來，很快你就會成為健康的標準體態，那是隱藏在肥胖的心靈和自我挫敗的外表之下的你的真實樣貌。

說話結巴、口吃是另一個極好的例子，可以用來說明靜心的技巧能做到什麼。口吃是一種正常身體機能的紊亂，幾乎所有案例都是精神問題，而不是生理問題，源自於對自己的某些精神喊話導致了不正常的溝通方式。

薛頓一直有口吃的困擾，他和很多嚴重口吃的人一樣，從小就**害怕沒把話說好**。他的父母喜歡拿自己的標準去評斷別人，追求「完美主義」，不容許他「犯錯」或「說廢話」。在孩提時代他不斷被糾正，於是他說話變得結結巴巴，用這種方式折磨父母作為回敬，他的說話方式是父母親唯一管不了的東西。

口吃的習慣跟著薛頓直到四十二歲，在這方面他是典型的「想太多」，說話前總要先思考，結果身體無法做出毫無疑問知道該怎麼做的表現——也就是正常說話沒有障礙，沒有過多猶豫停頓。因此他的第一項功課就是在說話前停止思考，允許自己在身體想要口吃的時候盡量口吃，不去擔心別人會怎麼說。他的目標是送自己一份心靈禮物，能夠在口吃的時候不評斷自己為失敗者，或是認為自己做錯事。他必須學會，**任何**方式的談話都是談話，硬要規定哪一種說話方式才是「正確的」僅是一種個人評斷。

一旦薛頓開始靜下心來允許任何話從他的嘴裡說出來，立刻就有了驚人的進步。諷刺的是，當他不再關心該怎麼說話才對，他的口吃逐漸消失。靜心也讓他從三歲以來的自卑生活型態中解脫。

在幾乎每一種生活情境中，一旦你透過思考、反思、訓練和修正的過程教會身體如何行動，接著就應該放鬆下來，讓身體去做你已經教會身體的事，不要再想個不停造成壓力與干擾。你會出乎意料地發現，放鬆對自己的控制將使你表現得更好，而不是表現變差。偉大的老師都知道，人必須要能自然行動才能展現出熟練度。生物受到壓力時，不論是來自內部或外部的壓力，就會朝著想要達成的反方向前進，「壓力」使生物體變成「自相分爭之家」。英國小說家查爾斯・金斯萊（Charles Kingsley）曾經妙筆寫出了思考如何造成人類的不幸，是一種破壞性的症狀：

> 如果你想要不幸，就多想想自己吧，想想看你要什麼、喜歡什麼、人們應當多麼敬重你、人們對你的看法；然後在你眼中再沒有任何事物是純粹的。你會糟蹋你碰觸到的一切，你會因上帝賜予你的一切而使自己痛苦受過，你會像你選擇的那樣悲慘。

「選擇」一詞再次出現。你有能力停止選擇一顆動不動阻止你享受現實的心。

從現實出發，消除自我挫敗的評斷

不論你是否決定改變信念，現實仍然會繼續保持原樣。倘若你變得更注意自己對現實的信念是如何構成的，並且注意到這些信念在任何方面使你受害，那麼你可以改變信念，接受並且欣賞外在的事物，而不是浪費生命去評估、判斷，為此苦惱。下面是一些你可以做到的具體技法，成為自己專屬的「現實專家」。

・第一步是相信你有能力控制自己對任何事物的態度。你的態度完全由你自己決定，你只需要對自己負責，不必緊緊抓住自相抵銷的念頭不放。如果你堅持相信你對自己的所思所感無能為力，認為你天生下來就是這樣無法改變，那麼你將永遠在原地打轉。現在就下定決心成為你自己態度的主人，而不是奴隸。

・選定一些日子，規定自己完成「欣賞現實」的作業。試著研究在你感知領域中出現的一切，而不是任其從身邊經過。盡量把你感知到的世界存進你的意識，你不必做任何事，只要去體驗。在車上的時候，你可以觀察車流、前面的人、車子的內部、沿途的風景地貌等等。你可以察看護欄、雲的形狀、建築物、風向以及可以觀察的每一樣東西。多做這樣的練習不僅能消滅無聊，養成習慣以後還能幫助你讓生命的每一刻變得值得品味。

・重新評估你使用的詞彙以及談論現實的方式，檢查在一個小時之內你用了多少次反映信念而非現實的詞語？你說了多少次事情很糟、今天不是個好日子、那個人很沒用、好醜？一次花一點點時間糾正自己，避免做出有害無益的評斷。改變你的說話習慣，你的態度也會跟著改變，變成接受現實真正的樣子，你將會發現人生中少了許多不必要的煩悶不快。

・當你聽到某個人說的話你極度不認同，請從你的心中刪除因此而升起的強烈不滿。別人對這個世界的看法跟你不一樣，這有什麼好不開心的呢？現實是每個人都不一樣，你越是少花時間為這個事實感到糾結，越能活得更健康、更自主。如果你因為某件事感到不開心，而你知道這種感覺將會過去，那麼請你努力快一點恢復，練習縮短復元時間能幫助你建立良好的習慣，不讓自己被已經過去的事困在原地，到最後你會習慣不因為任何無法改變的事而沮喪，學會採取行動，而不是自個兒生悶氣。

・你的現實屬於你自己，練習用**與眾不同**的眼光去看事物。你可以決定你想要欣賞的東西，如果別人因為你的選擇而不快，隨他們去吧。他們自己選擇沉浸在痛苦中，但你可以做出有意識的選擇（到最後將會成為無意識的選擇），去享受生命的每一刻。記住惠特曼的著名詩句：「對我來說，光與暗的每一個時辰都是一個奇跡，每一立方英寸的空間都是一個奇跡。」

• 克制自己想要評估、評價、分析、解釋這個世界的傾向，用行動、享受，活在當下和用愛來代替這種徒勞的評斷活動。每當你發現自己正在評估，給自己一分鐘的時間練習，告訴自己你不必弄清楚每一件事，你可以單純享受這一分鐘的樂趣。

很久以前你就學會了重視成績和評分程序，從小在學校你學到的是：只有老師打高分的東西才有價值，其餘東西不值一顧。然而現實是，評分程序是荒唐的，因為事情發生的過程並沒有好壞之分。如果你最終習慣用「學校術語」來衡量人生，比如「我給那一天的評分是B^+」，無論是有意或無意，你將永遠沉迷於為各種表現或活動打分數。忘掉小時候學到的對評分的那種神經質關注吧，從今以後去做就對了。倘若你保持「打分數」的心態，將會發展出逃避的模式以及其他毛病，不去碰觸你無法「拿到高分」的一切事物，因而錯過生活中幾乎所有愉快的事情。你可能曾經堅信所有得到A的科目因此而獲得價值，若是如此，你當時被誤導了，沒有得到A大概會讓你很失望——但是今日你可以不必被誤導。

• 不把人際關係視為永恆不變的存在，而是根據迄今為止的一切每時每刻更新的決定。說真的，乾脆忘記「關係」一詞，承認在這一刻你只能與一個人相處，你想要讓這一刻充實無悔，這就是你現在要做的事。不用談什麼天長地久，倘若下一秒伴侶死亡，或其中任何一方決定不再繼續這段關係，永恆的「理想」就成了泡影。但你也不用因此而難過，快樂享受這一刻就很好。

- 接受事實，世上總是會有勢利鬼、怪咖、變態、罪犯、充滿偏見的人，以及你不喜歡的各種人。不要再評斷他們是「壞的」，停止咒罵這個世界竟然容忍此類「壞人」，記住，他們搞不好也認為你很壞，要是他們有選擇權（事實上他們並沒有）大概很樂意看到你以及跟你同類的人從這個星球上消失。你只需要把他們從你的現實中切割出去，不要讓這些人的存在牽動你的情緒。

- 停止幻想你「擁有」誰，你的孩子、配偶、朋友或其他人並不會因為跟你生活在一起、一起工作或為你工作所以欠你什麼。你永遠不可能擁有別人，但願你身邊的人不會在你的威逼下產生同樣的想法。有了這樣的認知，你就能擺脫很多麻煩和自找的傷害，只要讓身邊的人做自己就好。你可以指導年輕人，幫助那些願意接受幫助的人，但你永遠、永遠不可能擁有他們，就算你再怎麼不滿都不會改變這個現實。

- 拒絕允許自己被糾正，並且革除想要糾正別人的任何傾向，也就是要求別人根據你所定義的「正確」方式把事情「做對」。舉例來說，不斷糾正別人的用語，或審查別人說的故事然後糾正每一處微不足道的誇大或失真，是一種最野蠻的加害習慣。一直糾正別人所發出的信號是：你知道他們應該如何表現，他們應該在做任何事情之前先找你核對。當有人不斷糾正你說的話時，你可以這樣阻止他：「你剛才又無緣無故地糾正我。我猜你知道我應該怎麼說話？」或者試著說：「你明白我在表達什麼嗎？如果我還沒說你就知道了，那你認為語言有什麼用？是為了互相交流，還是一直互相玩猜猜看對或錯？」這樣的立場將顯示出你沒興趣讓其他人監控你的人生，你不需要別人來評估屬於你的現實。正如口吃的例子所示，不斷被糾正的孩子往往會以這種或那種方式拒絕開口，因為他們憎恨這種對他們生活的加害侵犯。我見過許多家長出發點是好的，他們相信持續糾正小孩顯示出他們對孩子的關心，但其實卻是持續的騷擾，是在教孩子不要獨立思考，不要說出自己的想法。

- 練習靜心技巧，像是冥想，尤其是在最忙碌的日子更要練習。掃除所有念頭，單純讓自己整個身心慢下來放鬆。當你不再專注於分析以致再也無法體驗生活，你將成為真正的生活鑑賞家。

結語

現實如是。這句哲學箴言以及相應的人生態度非常重要，和前面章節中更為具體的策略同樣有助於你所追求達到的免於受害的自由。事實上，本章在某種程度上可以說是前面章節的總和。只要你學會欣賞生活，而不是一直詛咒現實因而破壞此時此刻得到幸福的唯一機會，這是你追求完整自我實現的第一步也是最後一步。

第9章 在每一種情境活出創意

幸福無路可循，幸福之道就在你心中。

你永遠有選擇。在每一種情境中，你可以選擇要如何應對以及要有什麼樣的感受。本章最重要的關鍵字是「選擇」，鼓勵你養成開放的心態，不自限於那些使你無法活得有創意的封閉態度。無論你正處於人生的哪個階段、處於何種環境，你可以選擇不被情緒綁架，都能把當下的情境變成學習與成長的經驗。不管是在醫院的病床上、在監獄裡、在做例行的工作、在霍華斯轉運站、在紐約的貧民窟、在密蘇里州的某個荒村，或是在長途旅行中——在哪裡不重要，重要的是你有足夠活力從身處的情境中得到東西，你可以選擇喜歡目前的所在地，也可以努力朝向另一處更能實現你目標的地方移動。

創意活力的概念

我所談的「創意」不是指在藝術方面有特殊天賦，或是有能力創造文化產品。在此「創意」並不涉及音樂、文學、藝術、科學或其他典型相關定義，所謂「創意活力」是指有能力專心致志從事任何事。如果你聽從自己的內心，而不是參考手冊或其他人認為應該怎麼做，就能夠在做任何事情的時候發揮創意。非犧牲者發揮創意投身於每一個生活情境，拒絕成為境遇的犧牲品，畢竟是他自己選擇置身於其中。

創造活力意味著環顧你身處的任何環境，問自己：「我怎樣才能把這變成一次很棒的體驗？我可以說什麼、做什麼、想什麼或感覺什麼，讓自己學到東西，獲得成就感？」只要你決定想要這種態度，決定停止准許自己或身邊的人害到你，你就能擁有這種態度。

枯燥乏味的聚會是一種典型的情境，人們因為欠缺創意活力而使自己受害，談話拖沓，集中在一些言不及義的話題，比如窗簾的顏色、草坪上的狗便便。大多數人都是受害者，坐在那裡偷偷抱怨每個人有多無聊，內心煩亂甚至怒火沖天。然而非犧牲者不會這樣，他會動腦筋思考如何改變周圍的事物，或者至少不要因為眼前的狀態而受到不利的影響。他知道自己有數百種選擇，並開始想出一些令人愉快的選擇。

也許他會在別人都坐著的時候站起來不肯坐下，直到別人對他的「站立行為」感到困惑或好奇。也許他會問：「停在天花板的蒼蠅會在離天花板多遠的地方翻轉過身來，因為它不能倒著飛？」或者他會邀請有趣的人一起去散步，即使是在半夜。他可能會邀請某人隨著廣播音樂起舞，或者對大家最喜歡的香氣進行民意調查。他可能會讓思緒在自己的創意冒險旅程中漫遊，或是當場開始寫一部小說。有創意活力的人不會成為環境的奴隸，這樣的人可以想出談論窗簾以外的數千種選擇。

喜歡你身處之處

你是否常聽到人們抱怨他們住的城市很無趣、參加的活動很沒意思、去的地方糟透了？有創意活力的人喜歡自己身處的每一個地方，因為抱持的心態是：「現在我人就在這兒，與其因為討厭這個地方使自己心情不好而受害，還不如喜歡這個地方。」

人們總是在問這樣的問題：「你喜歡紐約嗎？」你當然可以喜歡紐約，尤其是當你人在紐約的時候。當你去到倫敦、巴黎或漢堡，你也可以喜歡這些城市。地理位置僅代表某個地點，具有某些顯著特徵的一塊地方——你想必還記得第八章討論過的，地方並不令人討厭，討厭只是人們對它的評價。

你可以喜愛你住的那條街、你的家、你參加的派對、跟你在一起的人，尤其是在你體認到這個事實之後：你身處何處百分之九十九出於你的選擇，百分之一則是純粹偶然。你幾乎總是在**決定**你要在哪裡，那麼決定去你根本不會喜歡的地方有什麼好處呢？如果你確實發現自己身處一個你不想待的地方，但實際上無法擺脫，例如監獄或委員會會議，那麼不喜歡它有什麼意義？你又不能選擇去別的地方。

你應該盡力破除「不喜歡你選擇的地方」這種害自己的習慣。給自己創造機會活得更有創意，而不是用抱怨傷害自己，抱怨只會讓你更加不喜歡你的環境。

人生是一系列持續的經歷，而非單一的經歷

很多人把人生視為一整個經驗去論斷，給予整體一個好或壞的評價，因而使自己受害。這

種人如果遇到一連串糟糕的經歷，就會認為自己的人生很糟糕。

然而人生並非單一的經歷，而是時刻有變化，你生命的每一天、每一天的每一刻，都是全新的，以前從未存在過，只要你決定用這種方式去看待每一刻，就能有無數種新的運用方式。

單一經驗派的人鮮少快樂，因為他們有意無意間不斷檢閱、評斷自己的生活，這已經使他們與現實背道而馳，浪費此刻的時光。他們常認為其他人運氣好，有幸福的生活，而他們自己卻繼承了不幸的生活。他們之所以陷入困境，是因為他們相信自己無法控制自己的命運。

然而持續經驗派的人完全不是這樣，他們認為生活總是在變，因此他們握有很大的控制權。他們傾向於尋找新的生活方式，而不是固守舊方式。變化不會使他們害怕，事實上，他們張開雙臂歡迎變化。

我生命中一個最大的轉折點發生在多年前，我碰巧去當代課老師，花了四十五分鐘監督一堂自習課，那間教室後方的佈告欄上寫著：「成功是旅程，而不是目的地。」

我花了整整四十五分鐘研究這段文字，讓這句話深深刻進我的靈魂。直到那一天之前，我確實把人生看成連串的目的地，你願意的話也可以說是一連串事件：畢業、證書、學位、結婚、生子、升遷以及其他類似事件，都是目的地，從這一站到下一站，我從來不曾把自己當成是在旅行。

在那間教室我當場發誓，不會再用抵達目的地作為幸福的評斷基準，改為把整個人生視為一場持續的旅程，每一刻都可以享受。那一堂關鍵的自習課給我這個前任老師上了人生中最重要的一課：不要沿路用成就評價你的人生，無論是不足掛齒或永垂不朽的成就。因為這樣註定會為了不停尋找其他目的地而感到挫折，永遠無法讓自己真正得到滿足，無論取得什麼成就，都必須立即計畫下一個成就，以便對自己的成功和幸福程度有一個新的衡量標準。

醒醒吧，欣賞沿途遇到的一切，欣賞為你帶來快樂的花朵，欣賞日出、孩子們、笑聲、雨和鳥，盡情享受，而不是等著到達某個永遠在未來的休息站才能放鬆。的確，成功甚至生活本身，不過是等待我們享受的時時刻刻，一次享受一刻。明白了這個道理，你的犧牲者狀態將大幅減少，你將不再以成就來評價你的幸福，而是把整個人生旅程看作一件值得高興的事情。或者用一句話總結：**幸福無路可循，幸福之道就在你心中。**

扭轉逆境

在幾乎所有生活情境中，活出創意的能力很大程度取決於你自己選擇的態度。而對你的態度最關鍵的考驗是在面對逆境時，而不是在事情進展順利時。

你可能會發現，向逆境屈服，任由不好的感覺蹂躪，儘管這是一條自我毀滅的道路，但卻更容易許多。但如果你學會有效的作法，不讓自己有犧牲者的期望，就會努力扭轉不幸，甚至轉變成對你有利。最基本的態度必須是**保持警覺善用情勢**，圍繞著想要成為非犧牲者的中心思想，並努力尋找合適的機會。即使機會沒出現，你也可以保持積極的態度，就不會因為心情鬱悶而看不到潛在的優勢。

年幼時，你不會想到你的人生可能是一把發錯的爛牌，所以你會去扭轉逆境，讓逆境為你服務，而且你還是精於此道的專家。就算暴風雪使你期待的活動取消，你不會浪費一整天盯著風雪長吁短嘆，而是會趁機玩樂，蓋雪堡、堆雪人、打雪仗，幫忙剷雪賺零用錢等等。你才沒**時間**悶悶不樂，你忙著發揮創意過日子。

曾經有一度你知道如何即興發明好玩的東西，使沉悶的教室變得可以忍受。幾乎做什麼事你都可以玩得開心，因為你有在任何情況活出創意的天然傾向。

到現在你可能已經失去一小部分這種傾向，當事情不像你希望的那樣發展時，你會以放棄的態度成為犧牲者。因此，你可能會發現自己累壞了，因為沒有小時候那種快速恢復的心態舉止。

扭轉逆境包括警惕經常被使用的一些推搪之詞，讓人認為自己被困住了，不如乾脆投降接受懲罰。如果能讓犧牲者相信他對逆境無計可施，就可以讓他永遠等下去，停止前進。這類常見的推搪用語包括：

- **「我們會在適當的時候與您聯繫。」**

  這或許是最徹底的推諉之詞，簡單粗暴告訴你退回去等著吧，等於在說：「滾開，乖乖做個犧牲者。」你當然必須抵抗，拒絕接受拖延，悄悄制定自己的策略去實現目標，無論是要去找上司、寫信等，還是偷偷走一條別人都不知道只有你知道的路，總之要拒絕被說服接受拖延，不管有其他多少人願意接受。

- **「支票已郵寄。」**

  這是眾所周知的拖延術，承諾要給你的東西正在路上——但是當然啦，如果你沒有收到，郵件出了問題，欠你東西的人不能為此負責。而且你沒辦法證明「支票」真的寄出了。這招殺手鐧的用意是牽制你，希望你就此放棄。如果實際上你在等的是一張支票，對抗的策略包括堅持簽發另一張支票（「已郵寄」的那張支票隨時可以停止支付）、要求出納或任何人提出證明確實已簽發支票、要求找上級談，或其他你能想到的辦法，總之不允許這種拖延術使你處於不利的境地。

- **「那不是我的錯，你期望我怎麼辦？」**

加害者用這句話使你處於守勢，同時為自己開脫，希望你識相離開。但如果你明確表示你不是在挑毛病，只是想要得到結果，就可以避免被搪塞而減慢速度。

- **「問題出在電腦。」**

人們向來願意「及早聯絡你」；自開天闢地以來有些支票一直「在郵寄中」；毫無疑問，某個穴居人發現如果「不是他的錯」，他就可以不用做任何事。但在字面上和比喻意義上，電腦已成為二十世紀貢獻給人類的現成替罪羔羊，自動為人類的各種失誤和加害行為頂罪。

人們很容易忘記其實你隨時可以跳過電腦，直接找操作電腦的人，正如同加害者出於自己的盤算可能想讓你相信，他們也受到那無情任性的機械怪物擺布。電腦領域有句格言是「垃圾進，垃圾出」，所以如果電腦吐出一大堆垃圾給你，你應該去找把垃圾放進去的人，提醒他們：要是有人用錘子打你，不會是錘子的錯，這個道理從古到今同樣真實無誤。

以上是四種常見的推託法，當然，每一項都可以並且將會衍生出各種變體。當事情顯得對你不利時，只要保持警覺、準備就緒，最重要的是發揮創意活力並願意採取行動糾正，你就不必成為其中任何一種手法的犧牲者。

任何事情都不只有一種做法

發揮創意活力的藝術需要盡可能剷除你的僵化。如果你相信每件事都有一種正確的做法，每一種情況必須以特定的方式表現，這表示你缺乏自發性以及創造力。如果你「固著於」一定要用某些方式做事，而且把這種單一標準強加於其他人，那麼每次情況有變需要換種方法時，你都會成為犧牲者。但是倘若你有開放的心胸，接受用很多種可行的方法完成同樣的任務，你可能會保留對某些方法的偏好，但不會盲目地把這些方法變成強制或絕對。

史都華才二十六歲，但已經養成了「只有一條路」的心態。他是一個能力優異的會計師，可是他發現和妻子以及許多同事相處愈來愈困難。

在諮商會談中史都華向我吐露，他堅決相信做事「方法不對」沒有任何藉口可言。事實上，他在日常詞彙中大量使用「正確」、「對」、「適當」、「精準」等字眼，並且鐵了心要證明他的妻子和小孩老是用錯誤的方法做事。他向我抱怨他花了幾個小時教小兒子怎麼做一些簡單的事，然後兒子動手用完全不同的方法做，擺明了是「故意」，把他氣得半死。妻子也是同樣情況，不願意按照他的規則管家，簡直像在挑戰他的底線。儘管如此，史都華堅持要妻子照他的方式做事——**正確**的方式——甚至過分到告訴她必須怎麼管理她自己的支票簿，當她開錯支票或日期不正確時，或者做出史都華允許自己被逼瘋的數百種典型事情中的任何一件時，他就會憤怒不已。

我們一起進行諮詢的形式是讓史都華檢視自己的僵化，而不是責怪妻子固執。史都華很快發現他一生都遵循「只有一條路」的原則，並且意識到很少有人真正喜歡和他在一起，因為他強硬堅持一切照他的方式來。玩槌球、大富翁甚至「咕咕遊戲」等趣味遊戲時，他是那種一定要讀完規則並且堅持一絲不苟遵守規則的人，以致於破壞了孩子們的樂趣。事實上，他曾經承認玩沒有問題，但是必須玩得正確並且遵守規則，但他無法承認的是，不遵守規則甚至偶爾制定自己的規則可能會很有趣。

史都華開始做新的功課，擺脫他拘泥到使人癱瘓的僵化心態。他的轉變遲緩，很多非常死板的人都是這樣，並不意外；但是幾個月後他開始鬆動，讓自己和家人有更多的自發性和更多選擇。他缺乏彈性的態度最終在工作方面發生轉變，承認有可能不必總是按照他的方式做會計——儘管在五個月後諮商告一段落時，他還是不願意考慮改變自己的會計行為。

尼采曾經說過：

這是**我的**方法……
你的方法是什麼？
唯一的方法並不存在。

對於那些想要增進創意活力、削減生活中自我挫敗式僵化思想的人來說，這句話很適合當成座右銘。

如果跟你打交道的專業人士用這種「只有一條路」的心態使你受害，你應該考慮結束這段關係，否則你就是個大傻瓜。試想一下，如果你的律師不願意根據新發現的資料而改變策略，或者醫生不顧新證據，堅持不放棄認為你的問題出在闌尾，打算「按照原定計畫」動手術，結果會是多麼危險。固執的人絕不真正專業，而且這種潛在災難是你可以從生活中剔除的。

讓我們再多花一些篇幅討論醫學這個重要領域的僵化問題，也可稱為「缺乏創意的無生氣狀態」。近來有很多報導是關於美國習慣性進行數量驚人的不必要手術，特別是每年有許多女性受害，做了不必要的子宮切除術、卵巢和其他本可避免的婦科手術。倘若你不認為這是個嚴重的問題，請你看看紐約藍十字藍盾協會（Blue Cross/Blue Shield of Greater New York）一九七六年十一月十日在《新聞日報》（*Newsday*）上刊登的廣告，廣告標題是「拒絕手術。不留痕跡的治療方式。」內文繼續陳述：「拒絕手術。不動刀，所以沒有疤痕。拒絕手術。徵求第二位醫師的意見，他說手術不必要。拒絕手術。不必付費，因為藍十字藍盾為您支付看診諮詢醫師的費用。」下面說明如何得到免費諮詢，加上臨門一腳：您的第一位醫師永遠不必知道——這句話表明很多醫生堅決認定只能照他們的方式做事，憎惡第二或第三方意見。

究竟為什麼醫療保險公司有必要打廣告，宣傳他們會支付第二位醫生的看診費，並且保密不讓人們的第一位醫生知道？很簡單，因為很多醫生思維僵化到根本不願意考慮第二意見。他們視野狹窄，即使他們狹隘的觀點可能導致你不必要地失去一些器官。

無庸置疑，很多醫生願意也會固定請教第二、第三甚至第四意見，從邏輯上來說，任何有能力並且願意承認自己是人非神的醫生會希望盡可能讓更多有能力的人確認手術的診斷。但人們確實迫切需要被保護，免於受到醫界「只有一條路」思維者的迫害。阿諾德・胡茨內克（Arnold A. Hutschnecker）醫生審閱了美國外科發展文獻，在《生之意志》（*The Will to Live*）一書中做出結論：「今日我們認識到外科醫生輕率診斷的受害者多如牛毛。」

非犧牲者會毫不猶豫諮詢其他意見，不管要問幾個人，總之問到滿意為止，然後才答應動手術。若是醫生有那麼點不贊同的意思，非犧牲者會去別處尋找一位將患者生命和福祉置於自身虛榮和固執之上的醫生。僵化的情況在教育界也很猖獗，例子從認定只有一種方法做算術、實驗、讀書報告和作文的教師，到嚴格要求遵照格式手冊寫研究論文的大學教授。毫無疑問，你在學校念了多少年書就受了多少年的荼毒，而且大多數時候你還接受這種僵化的邏輯，甚至到現在仍然買帳，因為反其道而行就會受害，會成績不好，會被「打壓」，簡單一句話，就是「失敗」。但是今日你不必買帳，也不必把這種「只有一條路」的學習心態強加給你的孩子。

每當人們被教導只有一種方法時，就是讓他們排隊等著受害。沒有一個有創意的作家會去查文法課本確認應該如何使用自然語言。同樣的，沒有一個偉大的藝術家會認為只有一種方法去畫畫、雕刻、構圖。任何偉大的作為總是獨一無二的，不會讓你想起別人，也不能由別人強加給你，不過可以受到別人陶冶。因此你應該鼓勵自己和他人用無數種方式靈活開放地完成任何任務，選擇最適合這一刻的方法，並充分認識到明天用另一種方法可能會更好。

英國作家毛姆（W. Somerset Maugham）在小說《人性枷鎖》（*Of Human Bondage*）對某個「僵化」的人物有這樣一小段描寫：「像所有軟弱的人一樣，他過分強調不改變主意。」犧牲者和加害者同樣都對人生抱持這種狹隘的看法，使得自己無法成長，也不允許其他人成長。

毅力的重要

犧牲者會選擇放棄，主要是被情緒癱瘓，無論是來自恐懼、憤怒還是沮喪的情緒。非犧牲者會堅持下去，不會受困於情緒。想要成為非犧牲者，你必須戒除放棄的習慣，用堅強的毅力取而代之。

如同前文曾經提到過的，許多加害者的前提是：只要拖延夠久，來抗議的犧牲者就會放棄戰鬥，很多訴訟正是基於這種策略進行的。加害者的律師知道，如果來挑戰他們的「小人物」看不到今年甚至明年有希望勝利，很可能會摸摸鼻子說：「見鬼去吧！」然後放棄。美國法律體系的主要基礎之一似乎是用過於高昂的代價勸阻大多數人尋求「日常正義」。因此在法律領域或其他任何地方，你必須自己決定是否值得堅持下去，或者實際的跟進行動會讓你受害更深。然而若是有足夠的想像力，常常可以想出無需太費力的堅持辦法，或者如果你有資源，可以乾脆聘請其他人為你堅持下去。

拒絕受害通常意味著必須選擇你想打的仗，取代逃避，然後發出信號表明你願意為了獲勝竭盡全力。倘若你沒打算說到做到，只是動動嘴皮說要用什麼什麼方式進行鬥爭，結果很少會帶來好處，反而經常造成傷害。在生活中和玩撲克牌時一樣，除非你有不愛虛張聲勢的名聲，否則虛張聲勢是沒有用的。拉爾夫・查雷爾（Ralph Charell）的著作《我如何將普通投訴變成數千美元：不屈不撓的顧客日記》（*How I turn ordinary complaints into thousands of dollars: The diary of a tough customer*）主要內容記錄了堅持不懈如何獲得回報，他的決心和戰鬥到底的意願為他帶來回報，打擊原本可能成真的消費者加害行為，而這通常被認為是全世界最難擊敗的加害行為。如果你真心想避免成為犧牲者，你也完全做得到。

作為非犧牲者，維持毅力最重要的關鍵大概是不讓沮喪、惡意或其他破壞性的情緒浪費你的時間，消磨你的耐心和決心，用平靜的心去執行任務。把你的遭遇看成是在遊戲，運用想像力設定自己的規則去實現你的目標，而不是覺得必須遵循別人的規則。拉爾夫・查雷爾談到他與電話公司、房東、劇院經理、銀行家以及其他許多人的衝突，他要傳達的訊息很明確：如果你有毅力，堅持不懈地跟進，從不考慮接受推託，那麼你幾乎總是會勝出，不僅達到了目標，而且往往遠遠超越你最初的期望。

事實是，習慣從事加害行為的公司和個人不太知道怎麼應付有毅力的人，主要是因為很少遇到有毅力的人，而真的遇到時，這些天生的霸凌者往往會發現比較容易也是更明智的做法是放棄對抗，挑軟柿子吃勝過啃硬骨頭。大多數人一遇到要為自己出頭的情況，就變成綿羊，還沒開始行動先害了自己，心裡認為不可能戰勝大公司、「大人物」或「市政府」。但是你現在知道這些都是錯誤的迷思，有創意活力的人不會去在意。你不僅有可能會贏，而且是很有可能，只要跳過道路上冒出的前幾個障礙，堅持下去就能成功。那些最初的障礙之所以存在，只是因為大多數人都被它們打敗，一旦克服了它們，你往往會驚訝地發現你的道路上幾乎沒剩下什麼真正的障礙。

執拗的堅持沒有必要，你的決心可以化為簡單直接的四個字：拒絕受害。只做必要的事以獲取你要的結果，而不是讓自己遭受各種痛苦不安，那就變成自己害自己了。美國牧師亨利・沃德・比徹（Henry Ward Beecher）曾寫道：

> 毅力和固執的區別是，毅力往往來自強烈的「想要」，固執則來自強烈的「不要」。

小孩對父母碎碎唸，是因為知道這是達成目標最有效的方式：「如果我堅持夠久，纏著媽咪多唸幾次，到最後她會屈服給我泡泡糖。」這類孩子的父母忘記了他們已經教會孩子忽略他們的第一個「不」，以及第二個、第三個「不」——通常是因為他們對孩子幾乎**所有**請求自動說不，希望省點麻煩或僅是為了「立威」，因而使孩子受害。這些孩子知道只要放棄哪怕一秒鐘，就沒辦法達成目標。這麼說來，許多加害者，尤其是體制和官僚加害者，都試圖採取和這類父母相同的做法；如果要你像囉嗦愛抱怨的孩子那樣跟這類加害者打交道，肯定有損你的尊嚴，但是很明顯你必須用這樣的邏輯對付他們。倒不是說碎碎唸是件好事，但你可以看到有時候這種行為非常有效。如果你不想被碎唸，就停止強化它。另一方面，你可以用碎碎唸騷擾大企業，成為他們的眼中釘肉中刺。不要放棄。你一退縮，就會被掃進隊伍，加入犧牲者名單和所有其他人一起等著被害。

> 我忠於一個信條，這個信條帶給我的雖然不多，但卻是我所擁有的微渺的一切之所繫，那就是普通的才能加上非凡的毅力，萬事皆可成。
>
> ——湯瑪斯・福威爾・巴克斯頓爵士（Sir Thomas Fowell Buxton）

行動 vs.不行動

要活出創意，需要在以往使你無法動彈的情境中改頭換面，不再無所作為。最要緊的是行動，現在就做。克服惰性**採取行動**，將使你得到全新的創意活力。

行動是最有效的一劑解毒劑，能夠解除抑鬱、焦慮、壓力、恐懼、擔憂、內疚，當然還有動彈不得。你幾乎不可能同時感到沮喪和活躍，即使是故意也很難在積極起來做事的同時繼續悶悶不樂、抱怨、懶洋洋沉浸在自憐中。任何事都行！只要去做，就是跨出了發揮健全功能的一大步。

你還必須明白，缺乏行動並不是抑鬱的結果，而是原因。不活動通常是一種選擇，而不是生活中不可避免的事實。行動也是避免被自己和其他人傷害的可靠方法。如果你決定為了解決問題做些什麼，而不僅是抱怨，就能開始改變周遭的事物。

如果你發現自己在問：「你說的沒錯，但我能做什麼？」答案真的很簡單，**任何事情**都比什麼也不做要有效得多。

朱莉婭是我的一個當事人，她大吐苦水抱怨說她一直很憂鬱。她為自己的憂鬱症辯護，彷彿那是她的親密盟友，而不是她最大的敵人。我努力讓她活躍起來，但她的反應總是一樣：「哦，我試過了，沒有效。」或「那很蠢，我的問題要更深層得多，光是動起來並不會使情況改變。」

朱莉婭想為她的憂鬱行為找到深層的心理學解釋，但答案並不深層也不複雜，她只是習慣了為自己感到難過。她六十七歲，受不了「變老」，為了逃避所以半天臥床不起，不肯出門，還向孩子抱怨，又擔心胃有種咬蝕的感覺，害怕是潰瘍。

每次我建議她採取行動，這是擺脫她自己強加在自己頭上的犧牲者身份最有效的方法，朱莉婭總是意見很多。我向她解釋，積極參與隨便哪一種生活中的活動對她都有幫助，但在她能夠開始採取行動之前，必須先處理她的態度。她必須放棄「想要」憂鬱的行為，意識到她是唯一一個因為她的選擇而受苦的人。沒有其他人會受到非常嚴重的影響，當然也沒有人會加入她一起躺在坑底。

等到她終於領悟確實是她自己造就這一切，她說她準備好用一套行動綱領幫助她發揮創意融入生活，但是當我鼓勵她選擇一些具體的行動時，她的第一反應是回到憂鬱的方式，抱怨不知道該做什麼，所以她什麼都不做。於是我給了她下面這張清單，列出她可以做的活動。

繞著街區健走。

玩接球。

去圖書館找館員聊天。

向五個陌生人介紹自己。

上瑜伽課。

學習舞步。
參加任何成人教育課程。
去養老院做義工。
去機場觀察告別行為。
組織鄰里抽獎、遊戲小組等。
騎自行車。
去基督教女青年會（YWCA）游泳。
去按摩。
看十部電影並且評論。
舉辦派對，邀請二十個人。
玩任何遊戲。
寫一首詩或短篇故事。
應徵十份工作。
在家裡開始自己的事業。

籌辦社區報紙、廣告服務或街區俱樂部。
成為任何產品的銷售人員。
學習西洋雙陸棋、跳棋、凱納斯特或任何其他紙牌遊戲。
照顧受傷的動物。
寫十封信。
成為付費保姆。
去單身俱樂部。
參加當地的講座。
參訪鎮上的每個博物館。
學習一項新職業，例如傢飾設計、插花或修車。
參觀一個新城市。
開始寫你的人生故事。
幫助生病的孩子。

任何有創意活力的人都能列出這樣一張選項表，化懶惰為行動。

朱莉婭很快理解了我的用意。她開始從事一些新活動，而不是持續試圖解釋為什麼她不可能做這些事，於是她看到憂鬱的生活方式開始消失，最後她擺脫了將近三年來依賴的抗憂鬱藥物。每當她發現自己陷入舊的憂鬱模式時，她會用新的方式對自己喊話。她的想法從「我好可憐，我想我只是老了，我這一輩子都會很憂鬱」轉變為「我不會容忍任何自怨自憐，我將採取一些行動來確保我不只是坐在這兒為自己感到難過」。讓朱莉婭擺脫憂鬱習慣的不是魔法，而是行動。

選擇積極行動的人很少受害。行動導向的人最終會讓所有不公得到改正，而不積極的人或被動的觀察者將會發現自己時常受害，除了抱怨和沮喪地撓頭以外別無行動。這句古老的諺語很有道理：

> 就算走對了路，如果你只是坐著不動還是會被追過去。

沒有創意活力的人是這樣想的

以下兩句話表達的思維方式，將使你在幾乎任何情境中無法活出創意。這二句話提供沒有根據的藉口，讓你面對一點挫折就輕易放棄，而不是用有創意的新方式思考或行動。

- **「我真的無能為力！」**

一旦你對自己說了這句話，只要你繼續相信它，你就注定失敗下去。**總有一些事**是你可以做的，非犧牲者要做的是開始試驗、測試、開發替代方案。改一下這句話，對自己說：「雖然我不知道該怎麼做，但我肯定會做點什麼，而不是坐在這裡受害。」抱著這種態度，你至少是在解決問題，你會養成一種新的行動習慣，而不是被動消極，無精打采。不要求自己立刻或永遠得出成功的答案，取而代之的是堅持保持積極和嘗試。有了足夠的嘗試行為，你會發現一些有效的辦法。但如果你從一開始就告訴自己你無能為力，你將永遠沒有機會發現任何東西。

- **「事情就是這樣的。」**

這種聽天由命來自一種錯誤的觀念：事情已成定局，你沒有能力去改變。但大多數傷害人類的情況實際上是人類創造的，可以用某種方式改變。就算有任何改變的可能，如果你對自己說事情「就是那樣」，你將否定改變的可能。假設你在超市收銀台排了一小時的隊，然後簡單地告訴自己：「事情就是這樣，沒有人能做任何事」，你這是在保證自己受害。但如果你說：「給我打住！我是這家店的顧客，不應該付出一小時寶貴的時間只為了讓這家店做到我的生意！我不在乎其他人為什麼站著不動，我要看看我能做什麼」，然後各種令人興奮的選擇向你敞開。你可以去找經理，告訴他你等不下去了，要他親自幫你結帳。或者你可以告訴他，如果他不開放新的結帳櫃台，將會失去很多生意，包括你的。如果你從經理那兒得不到滿意的答覆，可以告訴他你要把購物車留在原地，走出去寫信向總公司投訴他店裡大排長龍，並且敦促其他顧客也這樣做。或者你甚至可以上前幫忙裝袋，好讓隊伍更快速前進。然而如果你對自己說：「好吧，這年頭情況就是這樣」，那麼你將永遠連考慮都不會考慮這些替代方案中的任何一個或任何其他方案。一旦你改變了這種態度，就能夠採取行動，使事情發生。

有創意活力的行為

下面是一些具體的例子，來自我的當事人、朋友、文學作品和我自己的生活經歷，在這些例子中，有創意活力的行為取代了受害，概括介紹了現實生活中的情境，適用於決定戒除放棄、努力讓事情奏效的所有人。

1.**求職**。在這個領域中，特別是在這個高失業率的時代，許多人因為狹隘的思維和傳統的求職方式而成為犧牲者，僅僅依靠丟簡歷、電話詢問、無數次拜訪同樣的老地方，加上大量祈禱，並無法成功。這些並非找工作的最佳途徑，因為這些是大多數求職者走的路，如果你表現得像「其他所有人」一樣，就沒有機會展現出與眾不同。

珊卓是一位來諮詢的當事人，她有明確的目標，就是學習如何向潛在雇主展現自己並得到工作。她講述了自己漫長而悲傷的故事，如何寄出數百份簡歷，如何成功獲得幾次面試機會，以及如何總是碰壁。她對公關工作很感興趣，但不知道如何在就業市場採取有效的行動。我對她解釋，求職是一項可以評量的技能，就像一旦得到工作以後你的工作表現也是可以評量的。我鼓勵她摒棄傳統的求職和就業觀念，開始全面重新評估她的目標，以及如何採取新的行為實現目標。

十一月，珊卓告訴我有個職位將於三月下旬開缺，是一家大型百貨公司的公關總監，但她說她還不能應徵，因為現任總監要到二月才退休，她不想得罪他。我敦促她把那種好好小姐的犧牲者態度扔進垃圾桶，開始為自己考慮，評估情況。結果珊卓在諮詢的第二週踏出冒險的第一步，去店裡找公關總監商談關於接班人的事。

總監很驚訝，對她的行為不表示鼓勵；在我們的下一次諮商會談中，珊卓說覺得自己太咄咄逼人，搞砸了機會。

事實並非如此。她的下一項作業是去找人事主管談，填寫應徵資料，讓大家知道她不僅感興趣，而且決心得到這份工作。她的非正統求職路最後一步是寫信給公司總裁，著墨的重點不是她的資格，而是詳細說明她要做什麼來提升這家店在社區中的形象，並整理出一份生氣勃勃的來年公關計畫組合。

珊卓不僅得到了這份工作，而且薪水超出了她最樂觀的期望。她揚棄了「正確」的求職方式，代之以有創意的、個性化的行為，從而證明了自己並且得到成果。

2. **賺薪水以外的其他選擇**。不受雇於他人或公司的謀生方式數以千計，工作犧牲者常陷入困境是因為只能想出幾種賺錢的方式。如果你一直為薪水而工作，也許應該考慮新的謀生方式，尤其是如果你並不滿意被雇主頤指氣使，或不得不按照別人的日程安排生活。你可以甩掉自己的刻板想法，列出一些替代方案，評估風險因素，然後選擇最好的辦法並且去做，而不是無休止地談論「如果」、「可能」、「我不確定」。在動手做之前，沒有人能確定任何事情。但如果你**相信**你做不到，那就算了吧，因為你的信念將會戰勝現實。

擺脫為工作犧牲最有效的方法，就是根據自己的想法做自己的行銷專家。如果你能證明某個點子會奏效，可以打包出售給任何人；或者你可以把你的愛好變成職業。

3. **把嗜好變成事業**。以下是幾個有創意的謀生點子，任何人都可以試著做做看，成為自己的老闆。

- 瑪麗蓮對繩結編織很感興趣，把這當成一種嗜好，直到她看到了送上門來的商機。她的朋友想要客製化的作品，並且願意付錢給她。一年後，她把嗜好變成了一份有趣的全職工作，而且收入很不錯。
- 路易絲有藝術天賦，喜歡畫T恤，朋友們常常要求她為生日、特殊活動等製作T恤。她決定把嗜好組織成一項事業，朋友們很樂意為她拉生意。六個月後，路易絲靠著畫T恤每個月賺二千美元。現在她辭去了收銀員的工作，收入變成以前的三倍，而且過得很開心。
- 喬爾是個網球迷，只要能從他討厭的工廠工作中抽身，他就會跑去打球。他打的越來越好，於是開始給朋友們上課，然後在諮商師的建議下，他開始廣告為週六早上的團體課程招生。三個月後，他創辦了自己的企業，辭退了工廠的工作。他的客戶現在已經增加到數百人。喬爾熱愛生活中的每一天，因為他把興趣和賺錢結合在一起，一年內他的收入就增加了一倍。

• 班恩在第二次世界大戰時致殘，他被困在床上，但他決定不自嘆自憐躺在那度過餘生。於是他自個兒開啟了剪報服務，訂閱二十份報紙，剪下報導寄給其中提到的人或公司等，並且要求對方支付不大的金額換取他的剪報服務。接下來他有了固定客戶，不久他就在自己的床上經營著一個龐大的企業。班恩採取有創意活力的方法克服逆境謀生，成了名符其實的百萬富翁。

• 莎拉是一名失業的小提琴手，身無分文而且絕望。她在紐約市中心的一家劇院外駐點，為光顧劇院和排隊的客人演奏優美的音樂。兩週內客人投入琴盒的錢比她之前六個月賺的還多。這個例子再次展現了有創意的就業方式，而不是自我滿足式的憤怒。

如果你是個愛說不的人，你會告訴自己，像這樣富有想像力的方法對其他人來說可能行得通，但永遠不適合你。然而若你願意承擔風險，排除使你受害的自我懷疑並且去**做，任何事**都可能成功。如果你認為需要特殊證照才能做你想做的事，或者認為限制想必很多，請從創意活力的觀點再看一遍。就業的一般規則總是有例外，心理學領域一些最有影響力的人物就沒有接受過專門的培訓，兩個當代的例子是出於興趣寫出一本關於成人發展暢銷書的女記者蓋雅•謝伊（Gail Sheehy），以及美國est運動的創始人暨領導人維爾納・厄哈德（Werner Erhard）。在其他領域，未經訓練的素人在「非本業」領域取得成功的例子比比皆是：曾經二度被選為民主黨主席的拉里・奧布賴恩（Larry O'Brien）後來就任美國國家籃球協會（NBA）執行長、物理學教授寫出暢銷小說、律師成為廣播員等。如果你想從事某件事，首先你要忽略「應該這樣做」或者「其他人都那樣做」的方式，按照**你**的方式動手去做，並且抱著終將成功的期待，那麼你就會成功。否則你將被困在原地，只會嘴巴上喊著「沒辦法」為自己害自己的行為辯解。

4. **跟大學行政部門打交道**。戈登因為延遲註冊被大學索取二十五美元的費用。他沒有乖乖付錢，而是用有創意的方法迴避收費。他請系主任專門寫了一封信，指出延遲註冊不是他的錯，要求取消這筆費用，結果立刻被取消了。

5. **與制式回函的鬥爭**。尼克放在汽車旅館房間價值二百美元的旅行支票被偷了，那是三年前在德國一家銀行購買的，他不記得支票號碼，也不記得精確的購買地點。他寫信給旅行支票公司，然後收到了一封電腦回函，通知他必須提供支票號碼，否則無法退款。顯然「電腦」並沒有仔細看他的信，於是他給公司總裁寫了一封非常具體的信，再次說明了他的特殊情況，並明確表示他不想再收到一封信告訴他「很抱歉，但是……」，他希望總裁親自調查，否則尼克會找律師提出小額訴訟索賠。下個星期尼克就收到了一張二百美元的支票和一封道歉信。由於他不願意成為制式信函的犧牲者，採取了果斷有創意的方法，於是得到了應得的東西。

6.交通法庭一日怪談。尤金被迫在法庭度過一天，忍受無盡的等待、被踢皮球，在不友善的「公務員」之間不斷周旋，最後因為他認為並不公正的指控而被判有罪。他問自己：「怎麼樣可以把這件事變得積極？」他想到一個點子，寫了一篇文章詳細描述他在法庭的恐怖經歷，然後嘗試出售。結果他真的成功了：一家全國性雜誌付給他一千五百美元，分三期刊登他的法庭日記。此外，後來有其他出版社找上他，他的法庭一日記錄為他開啟了令人興奮的自由寫作生涯。尤金發揮他的創意活力，甚至在擁擠的交通法庭尋找機會，成為了勝利者而不是犧牲者。

7.班機長時間延誤。韋斯利抵達機場後得知接下來六個小時所有航班均已取消。他環顧四周，注意到每個人都很沮喪不滿，抱怨暴風雪打亂了旅行計畫。他意識到他將被困在機場直到第二天早上，因為他必須在第二天趕到另一個城市。他決定充分利用局勢，而不是成為事態發展的犧牲品。他看到了一個他想認識的女人，所以他冒險伸出友誼之手，向同樣被困在機場的佩妮自我介紹。他們一起在機場餐廳吃了晚飯，剩下的六個小時在機場閒逛觀光。韋斯利度過了一生中最難忘的時光，事實上他和佩妮成了非常親密的朋友，三年後他們仍然盡可能抽時間碰面。那天晚上在機場的幾乎每個人都選擇了心煩意亂、無法行動，成為天氣的犧牲者，但韋斯利卻在同樣的情況下建立了新的友情羈絆。

8. **寫學校作業**。伊麗莎白是一名大學生，不久前她意識到大部分作業對她而言毫無意義，她被迫撰寫關於無趣主題的研究論文，被迫敷衍討好教授，而不是做與她的目標相關的作業，她的目標是成為一名海洋學家。在一位稱職的治療師幫助下，她決定試看看能否改變這種情況。下個學期初，她安排與每位教授面談，針對他們的制式作業提出具體的替代方案，同時滿足課程要求。她驚訝地發現，五位老師中有四位同意她的意見，並且非常願意讓她完成她建議的能照顧到個人需求的作業。伊麗莎白採取了有創意的方法，結果是整個學期都在做她喜歡做的事情，這些事符合她自己的個人目標，而且她也拿到了修課學分。

9. **分攤晚餐費用**。安德魯和芭芭拉第一次與另一對夫婦在餐廳共進晚餐，另一對夫婦大肆點單：晚餐前、中、後的飲料，光是酒水帳單就高達四十美元，還點了菜單上所有最貴的菜。安德魯和芭芭拉都不喝酒，點了稍微便宜一點的食物，但是當晚餐結束時，另一對夫婦若無其事地開口（做這種事情的人總是如此理所當然）：「喔，總共是一百零四美元加上小費。我們平分吧，各出六十美元。」

多年來，安德魯和芭芭拉遇到這種情況始終保持沉默，不好意思在如此明顯的敲詐勒索中拆對方的台。但是這一次芭芭拉簡單地宣布：「帳單裡面我們要出的份是三十美元，我們要付的就是這麼多。你們是九十美元。」另一對夫婦呆住了，但他們沒有反抗。事實上，他們欣然同意這是唯一公平的拆帳方式。

10. 買到劣質品。凱伊買了一包菸，裡面的菸草很硬而且味道很難聞，根本沒辦法抽，所以她寫信給香菸公司，告訴他們她的感受。十天之內她收到了退款，還有三條免費香菸和一封道歉信。

11. 在極限情境中保持創意活力。小說《伊凡・傑尼索維奇的一天》（*One day in the Life of Ivan Denisovich*）中，諾貝爾文學獎得主俄國作家索忍尼辛（Aleksandr Solzhenitsyn）帶領讀者體驗西伯利亞勞改營的生活。這部小說講述了伊凡・傑尼索維奇・舒霍夫的一天，裡面充斥著勉強求生的故事，以及在冰凍荒原勞改營所遭受讓人幾乎無法理解的暴行。即使在最糟糕的條件下，舒霍夫的態度依然表現出創意活力。此書以下面幾行文字結尾：

> 舒霍夫心滿意足地睡著了。這一天他有很多好運氣：他們沒有把他抓去關禁閉，沒有

派他的小隊去建「社會主義小城」，他在午餐時賺了一碗粥，隊長爭取到了很好的食物配額，他砌牆砌得很愉快，搜身的時候鋸條也沒有被搜出來，晚上又從采札里那裡弄到了東西，還買了菸葉。也沒有生病，挺過來了。一天過去了，沒碰上不順心的事，簡直可以說是幸福的一天。這樣的日子他從頭到尾應該過三千六百五十三天。因為有三個閏年，所以得另外加上三天。

在殘酷的勞改營中，生存取決於在當下的每一刻活出創意，為每一刻的價值而活，而不是去評斷所經歷的事，更不能允許用自怨自憐、輕易放棄來懲罰自己。

暴政酷行倖存者的故事幾乎總是一樣的，無論是戰俘、納粹集中營的倖存者，還是「巴比龍」撰寫他在魔鬼島的經歷時，都以自己的方式談論如何在每一刻情境中用心用腦活出創意。在此時此刻淋漓盡致發揮你的自我價值感，拒絕被自己的態度打敗，這似乎是生存的基本要素，在勞改營是如此，在沒那麼嚴酷的日常生活中也是如此，而在日常生活中感覺像是在坐牢的人，大多是自找的。

結語

你這個人是你在每一種生活情境為自己選擇的產物。只要改變心態，培養創意活力，你一定有能力為自己做出健康的選擇。時時刻刻提高警覺翻轉逆境，改善對自己的態度和期望，無畏地實施冒險的替代方案，你的生活很快就會變得更好，讓你心滿意足。把握你在地球上的時間盡情地活；離開後你將有永恆的時間去體驗和活著相反的事。

第10章 犧牲者或勝利者？一百種典型情境檢驗你目前的犧牲者狀態

典型的犧牲者表現得很典型。

到現在你已經吸收了許多關於非犧牲者的概念與實踐方式，理想狀態是你已經開始改變行為，實踐個人自由。下面的「測驗」應該可以幫助你評估自己是否常選擇成為犧牲者，這份檢核表列出了一百種典型的加害情境，每一種都是生活中正常發生的狀況，同時附上兩種不同的反應，一種是犧牲者的反應，另一種是「勝利者」或非犧牲者的反應。哪一種反應最能代表你通常的反應，或者是你在這種情況可能會做出的反應方式，你就在那一項反應前面打勾。

這份檢核表並不是用來精確測量出什麼結果，而是為了自我評估，幫助你評量自己的狀態或進展，也可以做為你希望努力改變的犧牲者行為清單。所以不要擔心你的答案是否絕對「正確」，只需要閱讀情境然後「大致推估」你通常會做的行為即可。如果某種情境不適用於你的情況，那就猜一猜吧。過度執著於測驗本身以及問題的精確措辭將使你無法發揮創意活力，所以抱著輕鬆的心情回答就好。

檢驗你目前的犧牲者狀態

1. 在餐廳，你覺得食物不怎麼樣，服務很差。

犧牲者的反應

☐按照一般標準給服務員百分之十五的小費，並在離開時抱怨食物。

非犧牲者的反應

☐不給小費，並告知管理層你不滿意的原因。

2. 當你很忙不想說話的時候，親戚（媽媽、岳父母、兒子等）打電話找你聊天。

犧牲者的反應

☐和對方聊，一面擔心時間不夠用，感覺心煩意亂。

非犧牲者的反應

☐告訴對方你真的太忙了，沒有時間聊天。

3. 進行親密行為或從事其他個人活動時電話響了。

犧牲者的反應

□中斷個人活動，接聽電話。

非犧牲者的反應

□讓電話響，同時繼續做你的事不被打擾。

4. 你的配偶或伴侶突然變更計畫，與你的計畫產生衝突。

犧牲者的反應

□改變你的計畫，配合對方。

非犧牲者的反應

□堅持你原來的計畫，根本不把這件事放在心上。

5. 你正在用餐，盤子裡的食物只吃了三分之一，但你感覺已經飽了，愉快而滿足。

犧牲者的反應

□繼續吃光盤子裡的所有東西，把自己撐到不舒服。

非犧牲者的反應

□當你不再感到餓的那一刻就停止進食。

6. 家裡有人丟了東西，跑來責怪你。

犧牲者的反應

□當偵探，把自己的時間耗在拼命找別人的東西。

非犧牲者的反應

□自顧自去做你的事，不理會對方試圖用責怪來操控你的行為。

7. 你想單獨參加某個社交集會。

犧牲者的反應

□請求家人允許你去，把決定權交給其他家庭成員。

非犧牲者的反應

□告訴家人你要去，並且你真的會一個人去。

8. 有人試圖把你拖入他個人的憂鬱之中。

犧牲者的反應

□聽他抱怨，到最後感覺臉黑到一個不行。

非犧牲者的反應

□找藉口離開，或者宣布你現在沒有興趣討論憂鬱的事。

9. 家庭成員抱怨衣服沒洗。

犧牲者的反應

□道歉並且表示你馬上就去洗。

非犧牲者的反應

□提議教抱怨的人如何使用洗衣機，讓他自己洗；或者乾脆不理睬抱怨，教他自己負責自己的衣服。

10. 你趕時間，卻看到雜貨店的收銀台大排長龍。

犧牲者的反應

□排隊等候，因為缺乏幫助和不必要的拖延而生悶氣。

非犧牲者的反應

□堅持要經理另開一條結帳隊伍，或者要他提供你個人服務。

11. 你到達一家餐廳，廣告上說營業時間到晚上十點。現在是晚上九點半，餐廳入口卻已經上鎖，儘管員工還在裡面。

犧牲者的反應

□轉身離開，感覺很不高興，因為你被不實的廣告誤導了。

非犧牲者的反應

□堅持要員工過來，然後禮貌地告訴他們，你是付費顧客，想要得到服務。如果沒有得到服務，你將通知管理階層。

12. 汽車旅館的空調壞了，你感到不舒適。

犧牲者的反應

□什麼都不說，因為你不想讓自己惹人討厭。

非犧牲者的反應

□堅持立刻修好，或者幫你換個房間。

13. 在求職面試中，你被問到一系列刁鑽的問題。

犧牲者的反應

□侷促不安，為自己找藉口，表現得很害怕，並為自己的緊張而道歉。

非犧牲者的反應

□自信地回應，並且為對方意圖給你下馬威的行為貼標籤：「你問這些問題是為了看我的反應，不是因為你對答案感興趣。這些問題沒有明確的答案。」

14. 醫生告知你需要動手術，你有一些個人的疑慮和恐懼。

犧牲者的反應

□安靜地「配合」醫生的話，接受手術。

非犧牲者的反應

□同意動手術之前，你會從其他專家那裡獲得第二和第三意見，並且告知醫生這是你想要的標準做法。

15. 你覺得你應該升職或加薪。

犧牲者的反應

□一直等待你的老闆想到要為你做些什麼。

非犧牲者的反應

□舉出你的具體成果，向老闆要求你應得的東西，不感情用事也不必帶著歉意。

16. 遠親去世，你不想參加喪禮。

犧牲者的反應

□勉強去參加，感覺度日如年。

非犧牲者的反應

□不參加。

17. 一個你不想親吻的人在打招呼的時候把臉貼上來，期待你的回應。

犧牲者的反應

□親吻他並且感到倍受傷害。

非犧牲者的反應

□伸手推開他，拒絕親吻。

18. 家裡每個人都餓了，要你想辦法弄東西來吃，即使你不餓也不想做飯。

犧牲者的反應

□去做飯並對他們感到生氣。

非犧牲者的反應

19.

你被要求安排辦公室聚會，但你並不想做這件事。

犧牲者的反應

□宣布你今晚不做飯，並且說到做到，讓其他人去想辦法解決晚餐。

非犧牲者的反應

□答應接下這個工作，卻因為這些吃力不討好的事總是落到你頭上而沮喪。

20.

你要去參加一個派對，其他人都會盛裝打扮，但你不想打扮。

犧牲者的反應

□告訴大家你沒興趣當主辦人，拒絕到底。

非犧牲者的反應

□盛裝打扮出席，感到不舒服並且生氣，因為你穿著你不想穿的衣服。

□穿休閒裝或乾脆不去參加派對。

21.

你的房子因為其他家庭成員東西亂放而亂七八糟。

犧牲者的反應

□到處幫每個人收拾善後。

非犧牲者的反應

□宣布你不會幫任何人清理，亂就讓它亂。

22. 你的伴侶想要進行親密行為但你沒有心情，因為你在一小時前受到了不好的對待。

犧牲者的反應

□繼續發生性行為並感到被虐待。

非犧牲者的反應

□告訴你的伴侶，你不想在受到不當對待後發生性行為，拒絕對方進一步的舉動。

23. 有人在你面前大聲說髒話。

犧牲者的反應

□生氣並感到受侮辱。

非犧牲者的反應

□不理會，拒絕允許別人的行為控制你的情緒。

24. 在聚會中你想上洗手間，每個人都聽得到洗手間裡的動靜。

犧牲者的反應

□忍著不去，因為你不想發出聲音很尷尬。

非犧牲者的反應

□使用洗手間並且不擔心別人對你的看法。你知道這是正常的人類功能，不應該為自己是人類而感到羞恥。

25. 你被規定要遵守毫無意義但也無害的愚蠢規則，例如在網球場上要穿白色的衣服，或在教堂儀式中要坐在新娘區。

犧牲者的反應

□大驚小怪氣呼呼向每個人抱怨，結果還是繼續遵守愚蠢的規則，因為你沒什麼選擇。

非犧牲者的反應

□聳聳肩配合規定，不沮喪也不表示贊同。你是安靜有效的。

26. 在公路上被卡車司機切到你前面。

犧牲者的反應

□氣到大喊大叫，試圖切回去報復。

非犧牲者的反應

□不計較，提醒自己，發再大的火也沒辦法控制其他駕駛的行為。

27\. 同事要求你完成一項你既不想做也不屬於你職責的雜務。

犧牲者的反應

□不管怎樣還是做，感覺被虐待和被操縱。

非犧牲者的反應

□直接說不，不找任何藉口。

28\. 你發現你在一家商店被多收了錢。

犧牲者的反應

□什麼都不說，因為你不想丟人現眼，或者顯得面目可憎。

非犧牲者的反應

□宣布你被多收了錢，希望更正過來。

29\. 你入住一家旅館，接待員把你的房卡交給行李小弟，他會送你到房間並索取小費，即使你並不需要他的服務。

犧牲者的反應

□什麼都不說，讓他跟著，因為你不想尷尬。

非犧牲者的反應

□告訴行李小弟你不需要他的服務，就算他一定要跟，你也不會給他小費。

30. 你的孩子想去朋友家玩，希望你取消自己的計畫當司機載他們去。

犧牲者的反應

□取消或更改你的計畫，當小孩的司機。

非犧牲者的反應

□告訴你的孩子，他們必須自己想辦法不能靠你，因為你有重要的事情要做。

31. 你被一個口若懸河的銷售員纏住了。

犧牲者的反應

□坐在那裡耐心地聽，等待對方放你走。

非犧牲者的反應

□打斷對方，說你不想被強迫推銷。如果對方繼續說，你就離開。

32. 你要舉辦一個派對，有三天的時間準備。

犧牲者的反應

□把所有時間都花在安排、準備，擔心事情進展順不順利。

非犧牲者的反應

□做最低限度的必要安排，順其自然，沒有額外的大掃除、特殊招待，讓派對輕鬆愉快進行就好。

33. 有人批評你的工作。

犧牲者的反應

□感到緊張不安，想要解釋。

非犧牲者的反應

□忽略批評，或者接受批評，不覺得有需要為自己說好話辯護。

34. 有人在你旁邊抽煙，讓你分心而且不舒服

犧牲者的反應

□坐在那裡忍受。

非犧牲者的反應

□禮貌地請求對方不要吸煙。如果他拒絕，你可以離開或要求他離開。

35. 你在餐廳點牛排，要求一分熟，結果送上來是全熟。

犧牲者的反應

□吃下全熟的牛排，因為你不想引起問題。

非犧牲者的反應

□退回去，要求送三分熟的牛排來。

36. 有人插隊排到你前面。

犧牲者的反應

□什麼都不說，讓他留下來，但你很生氣。

非犧牲者的反應

□告訴那個人你不接受插隊。

37. 有人借了錢，卻忘了還你。

犧牲者的反應

□為這種自目的行為苦惱，但你什麼也不說。

非犧牲者的反應

□堅定地告知借款人你希望現在就還錢。

38. 你在社交聚會上沒有其他認識的人。

犧牲者的反應

□縮在一旁，希望有人會邀請你參與討論。你感到很不自在。

非犧牲者的反應

□走向人們介紹自己，避免因為退縮而產生不安。

39. 你正在節食，一個好心的朋友堅持要你吃一些專門為你準備的甜點。或者你已經戒酒但有人堅持請你喝酒。

犧牲者的反應

□吃下甜點或喝酒，因為你不想傷害朋友的感情。

非犧牲者的反應

□拒絕酒和食物，說你很感激對方的善意，但你不會被說服改變主意。

40. 你在人行道上遇到一個怪人，向你強迫推銷產品或他的觀點。

犧牲者的反應

☐站在那兒聽，希望他很快就會停下來。或者你會買下產品好擺脫他。

非犧牲者的反應

☐一言不發轉身離開。

41. 有人要求你為你不感到抱歉的事情道歉。

犧牲者的反應

☐道歉請求原諒，允許自己被操縱。

非犧牲者的反應

☐說清楚你的想法，然後把注意力放在你自己的人生，不因為別人拒絕理解你的觀點而感到沮喪。

42. 房地產仲介持續纏著你，要帶你去看你不想看的房產。

犧牲者的反應

☐無論如何去看看，因為你覺得對方不辭辛苦做了那麼多，你必須對他好一點。

非犧牲者的反應

□直截了當說你對看任何房產不感興趣，你拒絕被高壓推銷戰術輾壓。

43. 你在餐廳點了一杯飲料，結果裡面四分之三是冰塊，只有四分之一的飲料。

犧牲者的反應

□付錢喝下這杯冰水，絕口不提你的不滿。

非犧牲者的反應

□禮貌地告訴服務生你想要一點冰和一整杯汽水，因為你付錢買的是飲料不是冰。

44. 有人對你說：「你不相信我！你一定認為我會騙你！」

犧牲者的反應

□否認你不信任這個人，繼續被這種假裝情感受傷的招數壓榨。

非犧牲者的反應

□告訴對方，與人打交道時被騙是非常可能真實發生的事，所以你抱持有效的懷疑態度。如果對方無法處理你的懷疑，那麼你會去找其他人打交道。

45. 醫生要你回診，但是你不想再跑一趟看病付錢，因為你感覺沒有什麼問題。

犧牲者的反應

□按時回診，向醫生報告你的身體很好，然後為不必要的回診買單。

非犧牲者的反應

□只在你覺得有必要時才回診。你相信自己，尤其如果問題不大，你知道回診比較偏向例行公事而非必要。

46.
你想告訴你的治療師結束治療，因為你覺得你不再有需要了。

犧牲者的反應

□你認為你欠你的治療師一個解釋，所以你花了好幾個療程談論這件事，等於是在付錢讓他參加結束治療的儀式。你被誘導繼續接受治療談論這件事，每次你給出一個合理的理由，都會被這樣反駁：「你一定很生氣。那證明你還沒有準備好離開。」這樣的討論只是讓你自己吃不到好果子。

非犧牲者的反應

□打電話給治療師宣布你要終止治療，如果未來有必要會再回來。你拒絕付錢告訴他你現在不再需要他的幫助，你明白你不欠你的治療師什麼。

47. 你向銀行申請貸款，核貸人員的態度高傲，言談充滿威嚇。
犧牲者的反應
□反覆說：「是的，先生」；你在乞討，所以忍氣吞聲百依百順。
非犧牲者的反應
□立即要求換一位承辦員，並宣布你不會容忍威嚇的手段。

48. 你拿著處方箋去配藥，但你事先不知道藥的費用和成分。
犧牲者的反應
□接受藥劑師給你的東西，不多說半個字，他說多少錢你就付多少錢。
非犧牲者的反應
□向醫生和藥劑師詢問成分，然後詢問價格。如果感覺價格太高，先去其他藥局詢價再決定在哪裡買。如果你不喜歡其中的成分，你會要求醫生提供關於這種藥的資料，解釋開這種藥給你的原因以及他期望的結果。

49. 從店裡回家後發現買的衣服不滿意。
犧牲者的反應

□不去退貨。或者去退貨但是被店員拒絕碰了一鼻子灰，所以你不滿意地離開了。

非犧牲者的反應

□退回衣服並堅持退款。被拒絕就往上告，必要的話甚至一路告到公司總裁那兒。

50. 你被邀請參加一個你並不想參加的活動，即使不去你也應該購買禮物。

犧牲者的反應

□去買禮物，心中感覺忿忿不平。

非犧牲者的反應

□禮貌地表達歉意，並且不買禮物。

51. 面對「去度假時應該寄問候卡給親友」的壓力，你因為不想寄所以很為難。

犧牲者的反應

□花時間買卡片、寫地址、付郵資寄出，討厭做這些事的每一分鐘。

非犧牲者的反應

□不寄任何卡片，也不提出解釋。

52. 附近的收音機或音響播放聲音太大，讓你感到身體不適。

犧牲者的反應

□忍著什麼也不說。或者大聲抗議，結果跟人吵了起來。

非犧牲者的反應

□自己去把聲音調小，或要求放音樂的人調低音量。如果他拒絕，你就離開那個地方，或者告訴經理除非分貝降低或有其他合適的解決辦法，否則你不會回來。

53. 鄰居的狗在早上大聲吠叫，打擾你的睡眠。

犧牲者的反應

□躺在那裡生氣。

非犧牲者的反應

□打電話給鄰居，告訴他狗叫吵到人了。如果他不想辦法阻止，你就在半夜每次狗吠時打電話給他。如果還是沒改善，就報警投訴噪音污染。

54. 買房子結算費用時，你對隱藏費用感到困惑，感覺好像被坑了。

犧牲者的反應

□你因為怕顯得很笨所以什麼也沒說，但你繼續感到被敲竹槓。

非犧牲者的反應

□暫停交易，直到看到讓你滿意的完整帳目。你拒絕被自己的無知嚇倒。

55.

電影院關了冷氣，你熱得不舒服。

犧牲者的反應

□坐在那裡熱到滿頭汗。

非犧牲者的反應

□找經理來，堅持全額退款，你付錢可不是為了坐在沒有冷氣的電影院裡。

56.

你注意到你的雜貨帳單多收了少少一點的銷售稅。

犧牲者的反應

□照著帳單付錢，這麼少的錢如果拿出來抱怨，人們會認為你很小氣愛計較。

非犧牲者的反應

□只支付你應付的錢。

57.

撥打客服電話時遇到很難溝通、聽不懂你要幹嘛的客服人員。

犧牲者的反應

□跟客服人員扯半天，最後感覺很挫折。

非犧牲者的反應

□掛斷再重新撥號，換另一個客服人員。

58. 派對上的醉漢纏著你講一些無意義的話。

犧牲者的反應

□坐在那裡感覺飽受虐待，希望他能走開。

非犧牲者的反應

□起身離開，拒絕靠近他。

59. 加油站服務員無視你擋風玻璃的髒污。

犧牲者的反應

□什麼也不說，為了他沒有做好他的工作而生氣。

非犧牲者的反應

□要他清潔擋風玻璃，忘記你必須開口要求他才動手的事實。你的目標是乾淨的擋風玻璃，而不是讓加油站服務員懺悔改過。

60. 你討厭給你的草坪施肥，甚至不相信施肥有什麼用，但你被期待這樣做，因為其他每一個鄰居的草坪都綠油油的。

犧牲者的反應

□去買肥料然後花時間施肥，心中暗恨自己屈服於這種無聊的壓力。

非犧牲者的反應

□不給草坪施肥，不向鄰居看齊。就算你家草坪沒有別人家那麼綠，那也沒什麼，不必擔心鄰居會怎麼想。

61. 你和醫生約好時間看診，你準時到達，醫生卻讓你等。

犧牲者的反應

□什麼都不說，因為你明白醫生是多麼忙碌和重要。

非犧牲者的反應

□告訴醫生你被晾著等待的感覺，並要求減少費用以補償你損失的時間。

62. 你得到了你認為不公正的成績。

犧牲者的反應

□什麼都不做，對老師生悶氣。

非犧牲者的反應

□找老師談，說明你的感受。如果沒有結果，就寫信給校長、院長或其他行政主管，按照規定向上申訴，並且堅持到底。

63. 喪葬業者利用你的悲傷圖利，試圖操控你購買更昂貴的喪禮安排。

犧牲者的反應

□訂購昂貴的喪禮，因為你不想讓對方認為你對亡者的愛不夠多。

非犧牲者的反應

□指明對方的行為，並堅持得到正直的對待，而不是虛情假意。

64. 你報名的某一堂課老師又無趣又教的不好，你在浪費你的時間和金錢。

犧牲者的反應

□繼續上課，默默忍受。

非犧牲者的反應

□向系主任或行政主管投訴，堅持退課拿回你的錢，並且告訴對方如果拒絕你的要求，你一定會告上法庭，向媒體披露，甚至寫一篇專文發表。

65.
你幫了某個人的忙，但是他沒有對你表示感謝。

犧牲者的反應

□為了這個不知感恩的人而生氣，抱怨連連。

非犧牲者的反應

□忽略這件事，提醒自己，你幫這個人不是因為你期望得到感謝。如果他沒有用你認為禮貌的方式表達禮貌，並不意味著他不好，當然也不意味著你應該生氣。

66.
你在菜市場想買一顆洋蔥，但是所有洋蔥都裝成三磅一袋。

犧牲者的反應

□要嘛不買洋蔥，要嘛買三磅你用不到的洋蔥。

非犧牲者的反應

□和老闆商量，打開一個袋子，拿出你想買的一顆洋蔥。

67.
吃完一頓大餐以後你昏昏欲睡。

犧牲者的反應

□硬撐著不睡，因為根據別人的規則，你不應該小睡。

非犧牲者的反應

□躺下來睡覺，不會因為想要小睡一下而感到內疚。

68. 上司要你加班，而你有一個非常重要的私人約會。

犧牲者的反應

□為了取悅上司，你爽約留下來工作。

非犧牲者的反應

□告訴上司你有重要的事，所以沒辦法配合這麼臨時通知的加班。

69. 你想住一間不錯的旅館，但太貴了。

犧牲者的反應

□去住比較便宜的地方，因為你不能放縱自己奢侈，每一樣東西永遠必須精打細算。

非犧牲者的反應

□揮霍一把寵愛自己，把擔心改為決定好好享受，因為你值得。

70. 你正要說話，有人打斷你，代替你發言。

犧牲者的反應

□交出話語權，讓那個人代替你說話。

非犧牲者的反應

□宣布你剛剛被打斷了，你比較想要自己說而不是別人幫你說。

71. 有人問你：「為什麼不生小孩？」

犧牲者的反應

□提供冗長又尷尬的解釋，感覺受到精神虐待。

非犧牲者的反應

□告訴對方這是個人私事，他無權窺探你的私生活。

72. 你到達機場想要領取你租的車，卻被告知你預定的車款沒了，或者價格和當初說好的不一樣。

犧牲者的反應

□接受更昂貴的車款並支付差價。

非犧牲者的反應

□堅持用原本的報價提供你一輛車，否則你會去找競爭對手租車，而且會寫信告訴公司這件事。你的立場很堅定，就是要得到適當的服務。

73. 你能動用的家庭開支額度受到控管，必須徵求許可才能花錢買自己想要的東西。

犧牲者的反應

□大肆抱怨，然後繼續當財務奴隸。

非犧牲者的反應

□沒有錢的時候就不補充家用品，讓那個把錢管得死死的財務專家自己想辦法去弄那些東西。你開設自己的支票戶頭，即使只有幾美元也是歸你自己管，而且拒絕為自己記帳。

74. 你認為電話公司超收費用。

犧牲者的反應

□為了省麻煩直接按照帳單支付。

非犧牲者的反應

□要求提供收費細目，如果不提供你就不付錢。

75. 你吃素，但是去做客用餐時主人端出了肉。

犧牲者的反應

☐為了不冒犯主人，所以你吃了肉；或者你向主人道歉推辭，然後為了自己選擇成為素食者而感到難過。

非犧牲者的反應

☐只吃蔬菜，不多說什麼，或者稍微解釋一下。你不感到內疚，自豪地堅持自己吃素的承諾。

76. 幾對夫婦一起吃飯，帳單傳到你手上，沒有人主動說要付錢。

犧牲者的反應

☐拿著帳單去付錢，記恨那些不主動拿出應付份額的人。

非犧牲者的反應

☐告訴每個人各自應該付多少錢，要他們把錢拿出來。

77. 投幣之後機器沒有反應。

犧牲者的反應

□生氣地走開。

非犧牲者的反應

□找出負責人，告訴他機器吃了你的錢，要求退錢。

78. 有人堅持要你陪他去參加一個你不想參加的活動。

犧牲者的反應

□心懷怨恨去參加。

非犧牲者的反應

□說你不去，並且用行為而不是言語展現你的堅持。

79. 你到了一家有代客泊車服務的餐廳，但你不想讓服務員開你的車。

犧牲者的反應

□不情願地看著服務員把你的車開走，天知道他會對車子做什麼。

非犧牲者的反應

□告訴服務員你要自己停車，如果他拒絕，就找餐廳經理出面。

80. 你被抓著說教，但你並不想聽。

犧牲者的反應

□坐在那裡忍耐，內心冒火，希望對方很快就會停下來。

非犧牲者的反應

□禮貌地告訴你的加害者，你對被訓誡不感興趣，如果他繼續，你就冷靜地走開或以其他方式充耳不聞。

81. 你餓得難受，但你正在努力減重。

犧牲者的反應

□吃一些容易發胖的東西，然後感覺很糟。

非犧牲者的反應

□用力拍拍自己的背，獎勵自己做得好，抗拒了想吃的慾望。

82. 你的行事曆已經夠忙了，還有很多要做的事情根本排不進去。

犧牲者的反應

□變得緊張易怒，試圖做到每一件事，所以每件事盡量花最少的時間完成，而不是全神貫注。

非犧牲者的反應

□把責任分配給其他人，給自己一些放鬆的時間，讓自己平靜下來。

83. 你正在被人嘮叨。

犧牲者的反應

□坐在那裡煩悶地忍耐。

非犧牲者的反應

□提醒嘮叨者你不想聽到這些，如果對方繼續嘮叨，你會毫不內疚地離開。

84. 孩子們要你解決他們的糾紛，他們顯然只是想霸佔你的時間。

犧牲者的反應

□花時間與他們長談，充當裁判員，但對整件事感到不滿。

非犧牲者的反應

□告訴他們你沒興趣，然後離開讓他們自己解決。

85. 朋友邀你到家裡玩，你不想去。

犧牲者的反應

□不置可否，來回推託幾次以後，最終被說服去拜訪。

非犧牲者的反應

□說：「不，謝謝。」

86.

有人用一些策略窺探你的個人生活，像是：「好吧，也許我不應該問，但是……」

犧牲者的反應

□把私人的資訊告訴他，因為你不想傷害他的感情。

非犧牲者的反應

□告訴他，他是在探人隱私，你不會透露這些資訊，並且會保持這種狀態。

87.

有人給你不想要的建議。

犧牲者的反應

□接受建議並且感覺很糟糕，因為你沒有站出來反對他。

非犧牲者的反應

□告訴他你有能力掌控自己的生活，但你仍然感謝他的關心。

88.

有人告訴你應該給多少小費，即使付錢的是你不是他。

犧牲者的反應

□按照他的吩咐去做，這樣他就不會感到難過。

非犧牲者的反應

□你認為該給多少就給多少小費，並且告訴那個人他可以自己掏錢，隨他愛留多少小費都行。

89. 你收到一張服務費帳單，你認為價格過高。

犧牲者的反應

□支付上面的金額並感到被騙。

非犧牲者的反應

□打電話或安排碰面，找到收取高價的那個人仔細查看帳單的每一個細節，確切地告訴對方你不同意的地方，重新談判價格。

90. 你正在填寫一份工作申請表，上面提出的問題具有歧視意味，並不合法。

犧牲者的反應

□不管問什麼你都老實一一回答，結果很可能得不到這份工作。

非犧牲者的反應

☐忽略帶有歧視的部分，或選擇提供對你有利的資訊。

91. 你想告訴你的孩子、配偶、父母、兄弟姐妹，你愛他們。

犧牲者的反應

☐阻止自己這樣做，因為覺得這樣很傻。

非犧牲者的反應

☐強迫自己當面對他們說：「我愛你」。

92. 你的孩子希望你跟他們一起玩兒童遊戲，但你並不真正喜歡這些遊戲。

犧牲者的反應

☐陪著玩芭比娃娃、扮家家酒之類的遊戲，一面不斷看手錶等著遊戲時間結束。

非犧牲者的反應

☐和你的孩子一起做你們都喜歡的事情。你找出大家都覺得好玩的活動，把你不喜歡的放一邊。正如你的孩子因為不感興趣所以不願意和你一起玩成人喜歡的遊戲，你也可以做出類似的選擇。

93. 你的家人把你當服務生使喚，經常要你去幫他們拿東拿西。

犧牲者的反應

☐乖乖扮演服務生的角色。

非犧牲者的反應

☐告訴他們你不會伺候他們，然後在「嘿，服務生」的信號開始時堅持不理不睬。

94. 有人說他不懂你。

犧牲者的反應

☐試圖再次解釋自己的意思，或者因為溝通失敗而難過。

非犧牲者的反應

☐停止試圖解釋自己，完全知道不管你怎麼做這個人可能永遠不會理解你。

95. 有人說他不喜歡你的髮型、衣服等。

犧牲者的反應

☐為此苦惱，並根據對方的意見重新審視你自己的喜好，改變髮型、服裝或任何東西。

非犧牲者的反應

□不理會別人的評論，因為你明白每個人的想法都不一樣，你的感受和行為跟其他人的意見沒有半點關係。

96. 你在獨處時不斷被打擾。

犧牲者的反應

□對闖入者大喊大叫發脾氣，因為沒有人尊重你，讓你有任何屬於自己的時間。你放棄嘗試自己一個人靜一靜。

非犧牲者的反應

□把門鎖上，電話關機。拒絕在每次有人想要找你的時候配合對方放棄獨處。

97. 你們準備要離開派對，你的伴侶喝醉了，但還是堅持要開車。

犧牲者的反應

□上車，一路提心吊膽回家。

非犧牲者的反應

□堅持由你來開車，或是叫計程車、代駕，或者乾脆留下來繼續參加派對。無論如何，堅決拒絕搭乘酒駕的車。

98.

溫度攀升至攝氏三十九度。

犧牲者的反應

□向所有人抱怨悶熱，抱怨你有多苦。

非犧牲者的反應

□無視炎熱，拒絕把熱掛在嘴邊，專注於享受這一天而不是抱怨。

99.

你愛的人死了。

犧牲者的反應

□你變成行屍走肉。你失控了，長時間不動，拒絕繼續生活。你經常說：「這不應該發生。」

非犧牲者的反應

□宣洩失去所愛之人的悲傷，然後把思緒轉向活下去的需求，拒絕無休止地憂鬱沮喪。

100.

你覺得自己快要感冒、得流感、抽筋等等。

犧牲者的反應

□預期自己會動不了，為痛苦做好準備。你告訴每個人你預見了即將發生的事情，痛苦地大聲抱怨你即將生病。

非犧牲者的反應

□停止去想、去談論生病，停止期待疾病的發生，把注意力轉向你的生活。趕走「生病」的想法，專注於「活著」的思維。

你已經看完了一百種常見的情況，人們常在這些情況中成為犧牲者。如果你在這個犧牲者測驗中得分很高，那麼你需要努力重新取回自己的主控權。下面的分數說明可以幫助你確定自己的犧牲者指數：

- 九十題犧牲者，十題非犧牲者
你的操控線不在你自己的手上。你完全是個犧牲者。
- 七十五題犧牲者，二十五題非犧牲者
遭受重重迫害的犧牲者，只有少數時候能喘口氣。
- 五十題犧牲者，五十題非犧牲者

你有一半的人生在別人的掌控之中，沒有自主權。

- 二十五題犧牲者，七十五題非犧牲者

你在很大程度上掌控著自己的生活，但仍然容易被人牽著走。

- 十題犧牲者，九十題非犧牲者

你自己掌控自己的生活，很少受害。

- 零題犧牲者，一百題非犧牲者

你已經精通本書的內容——或者如果你在買這本書之前就是這樣，那麼你花錢買的就是受害，所以你的分數應該是一題犧牲者、九十九題非犧牲者。

你的內心有足夠能量大幅降低你的犧牲者指數，選擇權在你手中：你可以選擇做自己的主人，享受掌管你在地球上的短暫生命，也可以選擇讓別人主宰，在煩惱和加害者的控制中度過一生。如果你允許他們控制你，他們會很樂意照做，但如果你拒絕允許他們控制，你的生命中就再也不會有任何犧牲。

國家圖書館出版品預行編目 (CIP) 資料

為什麼我總是不能勇敢做自己：相信自己的價值，遠離不自覺的弱者行為，你會比昨天更強大 / 偉恩．戴爾 (Wayne W. Dyer) 著；葛窈君譯．-- 初版．-- 臺北市：如果出版：大雁出版基地發行，2021.12

面；　公分

譯自：Pulling your own strings : dynamic techniques for dealing with other people and living your life as you choose

ISBN 978-626-7045-06-0(平裝)

1. 自信 2. 成功法

177.2　　　　110018581

為什麼我總是不能勇敢做自己：相信自己的價值，遠離不自覺的弱者行為，你會比昨天更強大

Pulling Your Own Strings: Dynamic Techniques for Dealing with Other People and Living Your Life as You Choose

作　　者——偉恩．戴爾 (Wayne W. Dyer)
譯　　者——葛窈君
責任編輯——張海靜
設　　計——木木 Lin
行銷業務——王綬晨、邱紹溢
行銷企劃——曾志傑
副總編輯——張海靜
總 編 輯——王思迅
發 行 人——蘇拾平
出　　版——如果出版
發　　行——大雁出版基地
地　　址——台北市松山區復興北路 333 號 11 樓之 4
電　　話——02-2718-2001
傳　　真——02-2718-1258
讀者傳真服務——02-2718-1258
讀者服務信箱 E-mail——andbooks@andbooks.com.tw
劃撥帳號——19983379
戶　　名——大雁文化事業股份有限公司
出版日期——2021 年 12 月 初版
定　　價——420 元
I S B N——978-626-7045-06-0

歡迎光臨大雁出版基地官網
www.andbooks.com.tw
訂閱電子報並填寫回函卡

如果